写给孩子看的
法律
常识书

徐沐阳◎编著

民主与建设出版社
·北京·

图书在版编目（CIP）数据

写给孩子看的法律常识书／徐沐阳编著 .－－北京：
民主与建设出版社，2023.1
ISBN 978-7-5139-4059-7

Ⅰ .①写… Ⅱ .①徐… Ⅲ .①法律 – 中国 – 少儿读物
Ⅳ .① D920.4

中国版本图书馆 CIP 数据核字（2022）第 233386 号

写给孩子看的法律常识书
XIEGEI HAIZI KAN DE FALÜ CHANGSHISHU

编　　著	徐沐阳	
责任编辑	刘树民	
封面设计	末末美书	
出版发行	民主与建设出版社有限责任公司	
电　　话	（010）59417747　59419778	
社　　址	北京市海淀区西三环中路 10 号望海楼 E 座 7 层	
邮　　编	100142	
印　　刷	三河市天润建兴印务有限公司	
版　　次	2023 年 1 月第 1 版	
印　　次	2023 年 5 月第 1 次印刷	
开　　本	710 毫米 ×1000 毫米　1/16	
印　　张	14	
字　　数	175 千字	
书　　号	ISBN 978-7-5139-4059-7	
定　　价	56.00 元	

注：如有印、装质量问题，请与出版社联系。

　　法律是我们每个人都拥有的权益，尤其是孩子的年龄还小，没有自我保护意识，容易受到各种各样的侵害，更需要从小学法、懂法和用法，学会用法律保护自己。

　　如何让孩子学法和懂法？

　　背诵一条条法律条文显然行不通，最好的办法，是通过阅读一个个与孩子们生活相关的小故事，让他们知道哪些事该做，哪些事不该做；哪些行为侵犯了自己的合法权益，哪些行为会给自己造成伤害；遇到合法权益被侵害该如何维权，遇到人身安全被威胁该如何保护自己……

　　家长不可能时刻在孩子身边保护他们，也不可能为他们解决所有难题。所以，无论在家里、学校还是社会，孩子都应该增强法律意识，学会分辨是非、保护自我，同时不侵犯和伤害别人。

本书是写给孩子们的法律启蒙书，介绍他们在学习和生活中可能遇到的法律问题，包括：被家暴了该怎么自救；被霸凌了该如何保护自己；买到了假货该如何维权；分辨是非，远离毒品；不能随便捕捉野生动物，要保护生态环境；等等。

一个个小故事，传达出孩子最感兴趣、最需要了解的法律知识；一个个通俗易懂的案例分析，让孩子了解法律常识，同时在他们心中树立起遵守法律和规则的观念。

亲爱的家长，陪孩子一起阅读吧！让孩子从小培养法律思维，增强法律意识，同时在快乐阅读中树立正确的价值观、世界观和人生观，从而健康、快乐地成长。

目　录

第二篇　校园篇

第三篇　出行篇

第四篇　消费篇

第七篇 生态与环境篇

第八篇 生活篇

第一篇　家庭篇

和妈妈一个姓

西西和东东放学回到家，他们的情绪都有些不高，彼此还有些赌气的成分。

妈妈询问他们是不是遇到了什么不愉快的事，西西气鼓鼓地问："妈妈，我们是亲兄弟吗？"

妈妈被问笑了，说："当然了，你们都是妈妈亲生的孩子，而且你们还是双胞胎，比其他兄弟更亲呢！"

西西摇摇头说："可是同学们都不相信……"

东东也附和着说出自己的想法："对呀！同学们说人家亲兄弟都是一个姓，可是我们不一样，一个姓张，一个姓王。妈妈，怎么证明我们俩是亲兄弟呢？"

妈妈解释道："因为爸爸姓张，西西跟爸爸姓；妈妈姓王，东东就随妈妈姓。所以，你们才有了两个姓。"

> 法律规定，孩子可以跟爸爸姓，也可以跟妈妈姓。

> 妈妈，我和弟弟不能一个姓吗？

兄弟俩同时发出疑问："为什么呢？我们不能一个姓吗？"

妈妈："可以呀！不过，现在这种情况也挺好的，不是吗？你们冠上爸爸、妈妈的姓氏，也是我们爱的延续。而且，现在这种情况很普遍，很多孩子是跟妈妈姓的，这并不妨碍你们成为相亲相爱的好兄弟。"

听了妈妈的话，西西和东东才开心起来。

法律知识备忘录：

对于西西和东东来说，父母双方享有平等的"冠姓权"。

《中华人民共和国民法典》（以下简称《民法典》）第一千零一十五条：**自然人应当随父姓或者母姓，但是有下列情形之一的，可以在父姓和母姓之外选取姓氏：（一）选取其他直系长辈血亲的姓氏；（二）因由法定扶养人以外的人扶养而选取扶养人姓氏；（三）有不违背公序良俗的其他正当理由。**

少数民族自然人的姓氏可以遵从本民族的文化传统和风俗习惯。

就是说，按照我国的民俗传统来说，孩子一般随父姓；但是在法律层面同样可以随母姓，父母双方的权利是平等的。

不过，法律还规定：公民的姓名一经户籍部门登记就成为正式姓名，并受到法律的保护。孩子的姓氏问题需要父母双方协商一致确定，同时，孩子姓名的变更也需要父母协商一致，任何一方无权擅自更改。

小法官提问：

西西和东东可以随外婆或奶奶姓吗？父母可以任意给孩子创造一个姓吗？

爸爸，给我抚养费

莎莎从小提琴培训班退学了，宋老师感到非常惋惜，就问道："莎莎，你为什么要退学呀？你有这方面的天赋，将来一定会有不错的前途。你和妈妈商量一下继续学下去，好吗？"

莎莎犹豫了一下，才说出实情："宋老师，不用和妈妈商量了。近期妈妈遇到一些困难没钱给我交学费了，我也不想让妈妈为难。"

宋老师好奇地又问："那你爸爸不管你吗？"

"我家是单亲家庭。爸爸再婚了，妈妈一个人养育我，现在又被公司辞退，所以……"说到这里，莎莎低下了头。

宋老师安慰着莎莎："虽然你的父母离婚了，但是双方都有抚养、教育你的义务，你爸爸应当负担你的生活费和教育费。"

莎莎："爸爸一直给我抚养费，之前还算大方，现在爸爸说要养育刚出生的弟弟（继母所生），没有那么多钱给我，每个月只能给我 500 元的生活费。我每次向爸爸要课外班的费用，爸爸都是一拖再拖。"

事实上，为了莎莎上培训班，妈妈和前夫争吵了很多次，但问题一直没有得到解决。莎莎爸爸认为，学小提琴的花费高，对孩子的学业还没有什么帮助，而且这种课外班费用不应该算在抚养费里，自己每月给500元已经尽了抚养义务。

莎莎妈妈只能一个人承担莎莎所有的教育费用，直到被公司辞退而无力支付。

法律知识备忘录：

父母对于子女都有抚养、教育、保护的义务。

《民法典》第一千零八十五条：**离婚后，子女由一方直接抚养的，另一方应当负担部分或者全部抚养费。负担费用的多少和期限的长短，由双方协议；协议不成的，由人民法院判决。**这意味着，莎莎爸爸虽然再婚了，需要养育再婚子女，但仍不能以此为理由拒绝支付莎莎的抚养费。这里强调一下，抚养费不只包括子女的生活费，还包括教育费、医疗费等。

亲爱的莎莎，爸爸只给你500元生活费是非常不合理的，你可以根据爸爸的收入要求其支付抚养费。如果爸爸拒绝，你可以及时向法院寻求帮助。

小法官提问：

莎莎自己或者妈妈想让她上收费较高的私立学校，莎莎爸爸也必须支付相应的教育费吗？

我要上学

1分钟案件回顾：

迪迪在上幼儿园时因为一段舞蹈视频走红网络，被选为某品牌的童装模特。之后，她的人气暴增，与多家童装品牌合作并拍了不少宣传广告，俨然成为人见人爱的"小童星"。

因为商业邀约越来越多，妈妈就让迪迪推迟了一年上小学。所以，当迪迪上学后，她比其他同学都大一岁。不过，能上学了，迪迪还是非常开心，在校期间认真学习，也交了不少好朋友。

我不要天天去拍照、走秀，我要上学，我要和小伙伴一起玩。

开心的日子很短暂。迪迪刚上学一个多月，妈妈就给她请了假，说是要参加一个童装时装周的走秀。迪迪很不开心，哭着说要上学，但是胳膊拧不过大腿，最终她还是不得不按照妈妈的安排去训练、走秀。

迪迪以为自己拿到奖，妈妈高兴了就可以让自己回到学校。于是，她比其他人都刻苦训练，终于拿到了亚军。但迪迪不知道的是，这反而让自己更远离了学校。

接下来，妈妈时常给迪迪请假，不停地到各儿童用品公司或商演公司试镜、拍照。迪迪哭闹过、罢工过，但是没有什么用。每次，妈妈都苦口婆心地劝说："好孩子，我是为你好呀！专家说你有做模特的天赋，以后一定能成为国际超模。"

迪迪哭着说："我不要当什么超模，我要上学，我要和小伙伴一起玩！"

只是迪迪人小言轻，未能改变妈妈的想法，依旧在妈妈的安排下生活着……

法律知识备忘录：

父母是孩子的监护人，但是不能剥夺孩子受教育的权利，否则就违反了法律的有关规定。

《中华人民共和国义务教育法》（以下简称《义务教育法》）第五条第二款：**适龄儿童、少年的父母或者其他法定监护人应当依法保证其按时入学接受并完成义务教育**。根据本条法律规定，如果教育部门三番五次协调和做工作，父母依旧不愿意让孩子上学，就有可能被告上法庭。本案例中，迪迪可以向当地教育局、学校等机构反映问题，让自己得到有关部门的帮助。

孩子们，如果你也有和迪迪类似的遭遇，一定要寻求法律的帮助。

小法官提问：

如果迪迪一心想要当小模特不愿意上学，要求妈妈给自己办理退学，那么，妈妈的行为是合法的吗？

爸爸又打我了

聪聪刚走进教室,班主任就发现他头部红肿,贴着的创可贴也渗出丝丝血迹,手部、腿部也有一些伤痕。

班主任:"聪聪,你怎么受的伤?是不是与别人打架了?"

聪聪的眼神有些闪躲:"没有,我骑自行车摔的……"

班主任有些半信半疑,回想之前聪聪身上总有一些伤痕,每次问他,他都说是自己摔倒造成的。于是,班主任耐心地开导他,让他说出实情。

原来,聪聪身上的伤是被爸爸打的。聪聪:"爸爸的脾气一直不好,尤其是喝了酒后,他的脾气就变得更暴躁了,打我,也打妹妹,有时让我们罚跪……"

班主任很是心疼,问道:"难道你妈妈不管吗?"

聪聪摇了摇头。班主任决定与聪聪的父母好好沟通下。结果,聪聪妈妈只是流泪,表示自己也阻止了,但

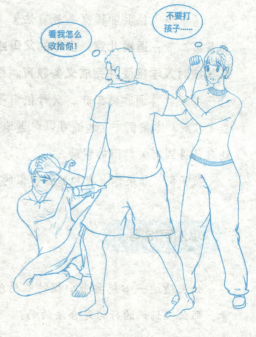

是孩子爸爸的脾气一上来，谁也拦不住。

聪聪爸爸则理直气壮地说："我自己的孩子，想打就打、想骂就骂，你这是多管闲事。"

班主任听了直摇头，聪聪则更加绝望，不知道如何保护自己与妹妹。

法律知识备忘录：

父母可以管教孩子，有时采取轻微的惩罚方式也情有可原。但是，长期以殴打、捆绑、禁闭等手段对待孩子且造成身体、心理方面的伤害，就涉嫌虐待家庭成员了。

本案例中，聪聪爸爸的行为实属恶劣，其监护人的资格都可能被撤销并受到相关处罚。《民法典》第三十六条：**监护人有下列情形之一的，人民法院根据有关个人或者组织的申请，撤销其监护人资格，安排必要的临时监护措施，并按照最有利于被监护人的原则依法指定监护人：（一）实施严重损害被监护人身心健康的行为；（二）怠于履行监护职责，或者无法履行监护职责且拒绝将监护职责部分或者全部委托给他人，导致被监护人处于危困状态；（三）实施严重侵害被监护人合法权益的其他行为。（后略）**

因此，聪聪可以选择报警寻求帮助；或者向村（居）委会、妇联、民政部门等组织寻求帮助，避免再遭受家暴的侵害。

小法官提问：

被父母严厉批评几句，算语言暴力吗？父母的做法是否构成家暴行为？

压岁钱到底归孩子还是归父母

春节过后，潇潇高兴地数着压岁钱，打算存到自己的"保险箱"里。

妈妈进入琪琪的房间，说："潇潇，这些钱我先帮你保管着，等你长大了再给你。"

潇潇不高兴地说："你不要骗我了，之前我的压岁钱都被你收走了，说是帮我保管，一转眼你就花掉了。"

给你留下一部分零花钱，其他的钱我来保管……

压岁钱，我想自己保管……

妈妈："我没骗你，真的给你存起来了。"

潇潇："哼！你还以为我是三岁小孩子吗？"

妈妈："这么一大笔钱，你弄丢了怎么办？这样吧，我给你留下一部分零花钱，其他的由我来保管。"

潇潇直接拒绝："这是我的压岁钱，我要自己保管。而且，我不会弄丢，也不会乱花！"

妈妈不由分说就没收了潇潇的大部分压岁钱，只给他留下一小部分，说："这些钱其实都是我的，要不是我给了人家孩子压岁钱，你能得到这些压岁钱吗？而且，我是你的家长，有权利保管和处理你的所有东西。"

潇潇很不开心，和妈妈闹了一天别扭。同时，他不禁疑惑起来：这压岁钱到底是属于我的，还是属于父母的？

法律知识备忘录：

亲人、朋友给你压岁钱，属于法律上的赠与行为。当你接受赠与后，这笔钱的所有权就从赠与人（亲人、朋友）处转移至受赠人（你）这里了。

《民法典》第三十五条：**监护人应当按照最有利于被监护人的原则履行监护职责。监护人除为维护被监护人利益外，不得处分被监护人的财产。**

未成年人的监护人履行监护职责，在作出与被监护人利益有关的决定时，应当根据被监护人的年龄和智力状况，尊重被监护人的真实意愿。（后略）就是说，如果你不满八周岁，无法独立实施民事行为，这笔钱应当交予监护人（父母）管理。等到你年满八周岁且有了一定的民事行为能力，就可以自由支配压岁钱。

所以，这个压岁钱是属于潇潇的，父母应当只是保管而不能随便使用。当然，潇潇也不能随意使用、挥霍这些压岁钱，大额使用时要受到法律限制，通常应由其父母同意或代理实施。

小法官提问：

潇潇可以把自己的压岁钱赠与网上认识的好朋友吗？

父债子来还，是有条件的

1分钟案件回顾：

王晓的父母在出差途中遭遇意外事故，不幸身亡。不久，王晓爸爸的朋友雷先生拿着借款合同找上门来，要求王晓偿还父亲生前欠下的100万元。

原来，一年前，王晓爸爸向雷先生借款100万元用于生意周转，双方约定了两年还清本金和利息。因王晓爸爸去世，债权人雷先生向借款人的唯一继承人王晓要求偿还借款。雷先生表明，鉴于与王晓爸爸是好朋友的关系，只要求王晓偿还本金。

遗产分配

王晓一时失去了方寸，哭着说："我还在上学，哪里有能力偿还这么多钱？我的父母已经去世，他们的债务就必须由我来偿还吗？"

雷先生："你继承了父母的遗产，就必须偿还他们生前欠下的债务，这是你作为继承人的责任。我提议你可以拍卖父母名下的财产，用来偿还债务。"

在亲戚的帮助下，王晓咨询了律师，明白父母去世后的生前债务免除不了，应该由自己清偿。因为王晓是未成年人没有能力偿还，也没有接管父亲生意的能力，所以就委托律师拍卖了父母名下的财产用来清偿债务，剩余部分遗产找了遗产托管机构进行托管。

"父债子还"，我国法律有这种规定吗？

法律知识备忘录：

法律强调了权利和义务的一致性，即继承遗产应当清偿被继承人依法应当缴纳的税款和债务。不过，法律也从保护继承人的角度出发，规定了自愿继承和限定继承的原则，彻底否定了"父债子还"的说法。

《民法典》第一千一百六十一条：**继承人以所得遗产实际价值为限清偿被继承人依法应当缴纳的税款和债务。超过遗产实际价值部分，继承人自愿偿还的不在此限。继承人放弃继承的，对被继承人依法应当缴纳的税款和债务可以不负清偿责任。**这表明，如果王晓放弃继承遗产，就不需要偿还父母生前所欠的债务。同时，如果父亲留下的遗产不足以清偿债务，王晓可以不清偿超过的那一部分。

当然，要是王晓主动愿意代父偿还债务，也是可以的。

小法官提问：

王晓不继承父母的遗产，父母所欠下的债务是不是就无效了？雷先生还能拿回借款吗？

妈妈偷偷删掉我的"好友"

1分钟案件回顾：

初二女孩丹丹变得叛逆起来，不像之前那样懂事、听话，整天把自己关在房间里，很少与父母沟通。

期末考试结束后，丹丹的成绩有三门学科不及格。妈妈担心丹丹早恋导致了学习成绩下滑，于是就偷偷观察她，看她是不是爱打扮了，是不是与某个男生走得近了，但没有发现什么异常。

然而，妈妈仍不甘心，便趁丹丹不注意偷偷查看她的微信聊天记录。这下，妈妈发现了异常——丹丹和一个男生频繁联系。该男生是本班体委，两人的谈话内容几乎与学习无关，有关于游戏的，有关于电影的，而且两人还多次一起逛街喝奶茶。

妈妈直接问丹丹："你是不是早恋了？"

丹丹："妈妈，你说什么呀，我哪里有早恋。"

妈妈："我都知道了，你和一个男生的关系很密切，不是早恋是什么？我警告你以后不要再和他联系，把心思都放在学习上。"

丹丹一下子就爆发了："你是不是偷看我的微信了？这是侵犯我隐私的行为！"

妈妈："我这是为了你好，你立即把那个男生的联系方式删掉。"

丹丹："我不要！你没有权利偷看我的微信，也没有权利让我删掉好友。"

之后，妈妈并没有罢休，又偷看了丹丹的微信，还偷偷删掉了那个男生的联系方式。丹丹知道后跟妈妈争吵起来，还发了一通脾气，变得更加叛逆了。

法律知识备忘录：

未成年人也是有隐私权的，这是法律赋予他们的权利。同时，法律规定任何人不得侵犯未成年人的隐私权。

《民法典》第一千零三十二条：**自然人享有隐私权。任何组织或者个人不得以刺探、侵扰、泄露、公开等方式侵害他人的隐私权。隐私是自然人的私人生活安宁和不愿为他人知晓的私密空间、私密活动、私密信息。**这意味着，虽然妈妈是丹丹的监护人，但也没有权利偷看丹丹的微信聊天记录，更没有权利私自删除其好友的联系方式。

所以，亲爱的小伙伴们，我们要学会保护自己的隐私。如果父母也有上述类似的行为，你可以大胆地拒绝，与父母沟通后赢得他们的尊重。

小法官提问：

在你看来，父母的哪些行为属于侵犯个人隐私？

我的表姐与表弟

黎黎愁眉苦脸地向同桌讲述了表姐和表弟的故事：

姑姑家的经济条件很一般，全靠姑父一个人工作挣钱养家并供表姐上学。好在表姐考上了某名牌大学，上学期间，表姐的所有学费、生活费都是靠自己的奖学金、兼职来解决，毕业后通过校园招聘进入了一家不错的企业。

本来表姐挺高兴的，对未来生活抱有美好的希望。可是，等到今年春节回家后，她却发现父母在自己不知情的情况下生了弟弟，刚刚不到三个月。

因为这件事，表姐和姑姑大吵一架："这事儿你们竟然瞒着我，还拿我当一家人吗？你们已经快五十岁了，而且咱们家的经济条件又这么困难，怎么养孩子呢？"

姑姑："你已经上班能挣钱了，可以帮我们养弟弟呀！"

表姐："凭什么让我养？生孩子的时候不告诉我，现在却要让我养，我是不会答应的。"

姑姑："你还有没有良心？你要是不养，我们就到法院去告你。"

表姐："你就是告我，我也不养。"

没过多久，姑姑竟然真的把表姐告上了法庭，表示自己无力抚养孩子，要求姐姐帮忙扶养弟弟。最后，黎黎叹了一口气，说："唉！我表姐真的很可怜，从小就没享过福，现在刚参加工作又要养弟弟。你说，姐姐有扶养弟弟的义务吗？"

法律知识备忘录：

关于黎黎的这个问题，我们得视情况而定。

《民法典》第一千零七十五条：**有负担能力的兄、姐，对于父母已经死亡或者父母无力抚养的未成年弟、妹，有扶养的义务。由兄、姐扶养长大的有负担能力的弟、妹，对于缺乏劳动能力又缺乏生活来源的兄、姐，有扶养的义务。** 这表明，表姐必须扶养弟弟是有条件的。一是表姐有负担能力。如果表姐的收入只能保障自己的基本生活，那就不能扶养弟弟了。二是表姐的父母无力抚养。

从案例可以看出，黎黎姑父有工作，姑姑有能力照顾小孩，虽然生活拮据些，但不算是无抚养能力。所以，表姐不负有法定的扶养义务。如果过了几年，表姐的父母因年纪大或疾病没有能力照顾孩子，表姐就需要承担起扶养义务。这属于法定义务，表姐是不可以拒绝的。

小法官提问：

如果黎黎表姐已经年满十八周岁并且放弃上大学的机会，上班挣钱扶养弟弟至大学毕业，那么未来弟弟有义务扶养姐姐吗？

爷爷给我留了房子

男男怎么也没想到自己和叔叔闹翻了，导火索是爷爷把一套房子留给了自己。

男男爸爸去世好几年了，男男和妈妈共同生活，与爷爷的关系非常亲密。不久前，爷爷患上重病。一天，爷爷把男男叫到身边嘱咐他好好学习，还把房子的不动产权证、钥匙都交给了他，说把这套房子留给他。过了一个月，爷爷就离开了人世。

一段时间后，男男和妈妈准备搬进这套房子，但是被叔叔阻挠了。

这是爷爷留给我的房子，爷爷还立下了遗嘱。

叔叔："这套房子应该归我，你们快把房子的不动产权证、钥匙拿出来！男男，你爸爸都不在了，你怎么还争爷爷的房子？"

男男："这是爷爷留给我的房子。"

叔叔："你说留给你的就行了？我是遗产的第一顺位继承人，你爸爸不在了，应该全部归我。"

男男和妈妈不知如何是好，只好去咨询律师。律师表示，法律规定遗产按照法定顺序继承，第一顺序的继承人包括配偶、子女、父母。男男可以代位继承爸爸的那一份，但是叔叔也有继承权。爷爷想把房子留给男男只是单纯的交代行不通，需要有遗嘱。

男男和妈妈经过了解，爷爷确实立下了遗嘱，还找了两个好友做见证人。看到遗嘱，叔叔也只能作罢。

法律知识备忘录：

关于继承的问题，《民法典》第一千一百二十三条：**继承开始后，按照法定继承办理；有遗嘱的，按照遗嘱继承或者遗赠办理；有遗赠扶养协议的，按照协议办理。**

事实上，遗嘱继承又称"指定继承"，是按照被继承人所立的合法有效的遗嘱而承受其遗产的继承方式。而关于这一点，《民法典》第一千一百三十三条：**自然人可以依照本法规定立遗嘱处分个人财产，并可以指定遗嘱执行人。**

自然人可以立遗嘱将个人财产指定由法定继承人中的一人或者数人继承。自然人可以立遗嘱将个人财产赠与国家、集体或者法定继承人以外的组织、个人。自然人可以依法设立遗嘱信托。

就是说，爷爷立下遗嘱指定男男为这套房子的合法继承人，那么，叔叔即使是法定的第一顺序继承人，也没有权利得到房子。并且，爷爷的遗嘱内容真实有效，在这种情况下，遗嘱继承大于法定继承。

小法官提问：

遗嘱的有效条件是什么？

"全职"妈妈

念念的父母正在协议离婚，已经十岁的念念不想父母离婚，但是也没有办法改变大人的想法。当妈妈问道："念念，如果妈妈跟爸爸离婚了，你会跟着妈妈生活吗？"

念念："我不知道……"

妈妈："我希望你能跟着妈妈生活，要知道，妈妈的生活里只有你，一刻也离不开你。"

念念："爸爸跟我说过，我要是选择跟着你，将来是会受苦的。之前，家里的钱都是爸爸挣的，你都是靠爸爸生活的，以后怎么能养育我呢？爸爸还说，离婚后，家里的一分钱也不会给你……"

虽然妈妈好几年没工作了，但是对这个家的付出并不少，这个家的一切都是爸爸、妈妈的共同财产。

事实上，念念妈妈原本是一名精英白领，生下念念后才辞去工作，全心照顾家庭和孩子。因为念念妈妈长时间没工作、没收入，确实是靠念念爸爸"养"着的。

念念："妈妈，你找到工作了吗？有钱养我们两个人吗？"

妈妈："孩子，妈妈已经找到了工作，有能力养活我们两个人。我希望你能明白，妈妈是好几年没有工作，但对这个家庭的付出并不少。虽然我们家只有爸爸工作挣钱，但这个家的一切都是爸爸和妈妈的共同财产。"

听了这话，念念的心里很疑惑：为什么爸爸和妈妈说的不一样？

法律知识备忘录：

这里涉及夫妻共同财产的问题。《民法典》第一千零六十二条：**夫妻在婚姻关系存续期间所得的下列财产，为夫妻的共同财产，归夫妻共同所有：（一）工资、奖金、劳务报酬；（二）生产、经营、投资的收益；（三）知识产权的收益；（四）继承或者受赠的财产，但是本法第一千零六十三条第三项规定的除外；（五）其他应当归共同所有的财产。**

夫妻对共同财产，有平等的处理权。 所以，念念爸爸所说的"净身出户"是不合理、不合法的。同时，念念妈妈作为全职妈妈对家庭投入的时间和精力非常大，所做贡献一点儿都不比外出工作小。因此，法律要承认其付出，尊重其劳动，保护其合法权益不受侵害。

关于这一点，《民法典》第一千零八十八条：**夫妻一方因抚育子女、照料老年人、协助另一方工作等负担较多义务的，离婚时有权向另一方请求补偿，另一方应当给予补偿。具体办法由双方协议；协议不成的，由人民法院判决。** 这意味着，如果念念妈妈向念念爸爸提出补偿，法院会支持其要求。

小法官提问：

　　念念妈妈为了照顾家庭和孩子，多年没有工作，离婚时可以向丈夫索要经济补偿吗？

跟爸爸还是跟妈妈

1分钟案件回顾：

浩浩今年刚上小学六年级，父母的婚姻却出现了问题，正在协议离婚。可是，在浩浩的抚养权问题上，夫妻两人产生了分歧，浩浩妈妈不得以诉至法院，要求得到孩子的抚养权。

庭审中，浩浩妈妈认为丈夫一直忙于工作，没有时间照顾孩子，也教育不好孩子，所以浩浩理应跟着自己。

浩浩爸爸却指出，浩浩是自己家的独苗，他不可能让出抚养权。并且，他的经济条件好，可以给浩浩提供良好的物质条件与教育资源；他虽然忙于工作，但是有时间就会陪孩子，付出的爱与关心并不会少……

夫妻二人开始激烈地争辩起来。

浩浩非常伤心，一方面是因为父母离婚后，自己的家就破碎了；另一方面是父母因为自己闹翻了，现在好像是仇人一般。他很无助，

只好向平时关系不错的表姐倾诉。

表姐安慰着浩浩，问道："你倾向于跟着爸爸还是妈妈生活？"

浩浩："我想跟着妈妈一起生活，因为从小到大都是妈妈照顾我，为我的生活、学习操心。长大后，我也要好好地照顾与保护妈妈。可是，这不是我能说了算的吧？"

表姐："这是你能说了算的。你已经十二岁了，有权利选择和谁一起生活，只要你向法官表明自己的态度，法官就会尊重你的意愿来判决。"

最后，法院根据浩浩的意愿，把抚养权判给了妈妈。

法律知识备忘录：

浩浩已经十二岁了，可以根据自己的意愿选择监护人，法官也会尊重他的意愿。

关于抚养权纠纷这个问题，《民法典》第一千零八十四条：**父母与子女间的关系，不因父母离婚而消除。离婚后，子女无论由父或者母直接抚养，仍是父母双方的子女。**

离婚后，父母对于子女仍有抚养、教育、保护的权利和义务。

离婚后，不满两周岁的子女，以由母亲直接抚养为原则。已满两周岁的子女，父母双方对抚养问题协议不成的，由人民法院根据双方的具体情况，按照最有利于未成年子女的原则判决。子女已满八周岁的，应当尊重其真实意愿。

这表明，在法院判决抚养权归属时，对于年满八周岁以上的孩子，法官会根据法律规定倾向于保护未成年人的权益，尊重孩子选择抚养人的权利。

当然，本案的法官也考虑了另一因素，即：浩浩在生活和学习上与妈妈接触的时间较长，把抚养权判给妈妈，有利于浩浩的健康成长。

小法官提问：

除了子女个人意愿外，未成年人的抚养权判给爸爸或是妈妈，还受哪些因素的影响？

叔叔为什么要分我家的房子

李明的爸爸因为交通事故去世，一年后，奶奶也因病去世。不久，妈妈决定卖掉奶奶生前住的那套房子，买一套地段比较好的"学区房"，让李明接受更好的教育。

可是，叔叔听到消息之后，不仅要求分割奶奶住的那套房子，还要分李明和妈妈现在住的房子。遭到拒绝后，他在李明家大闹起来，说要把他们母子告上法庭。

李明妈妈："小弟，你要知道，奶奶住的房子也是我们买的。无论是哪一套房子，你都没有理由来争。"

李明叔叔："嫂子，你这就不懂了，我有继承权。"

李明："你胡说！你又不是我们家人，怎么会有继承权？"

李明妈妈："你有继承奶奶遗产的权利，但没有继承你哥哥遗产的权利。有我在，有李明在，你凭什么能继承？"

李明叔叔："这是法律规定的，不信，你可以咨询律师。"

李明和妈妈咨询了一位律师，这才知道，原来叔叔真的可以继承爸爸的遗产。

李明："这房子是我爸爸、妈妈一起挣钱买的，我叔叔没有付出一分一毫，为什么能分走一部分？这太不公平了！"

接下来，律师向他们讲解了关于遗产继承、法定继承的知识……

法律知识备忘录：

其实，李明叔叔继承的是李明奶奶的遗产。这里涉及顺序继承和代位继承的问题。《民法典》第一千一百二十七条：**遗产按照下列顺序继承：（一）第一顺序：配偶、子女、父母；（二）第二顺序：兄弟姐妹、祖父母、外祖父母。**

继承开始后，由第一顺序继承人继承，第二顺序继承人不继承；没有第一顺序继承人继承的，由第二顺序继承人继承。（后略）

这就是说，李明爸爸去世了，第一顺位继承人包括他的配偶（李明妈妈）、子女（李明）、父母（李明奶奶），三人平均分得李明爸爸的遗产（夫妻共同财产的一半）；奶奶去世了，其继承的这部分财产就纳入奶奶的遗产中，由她的子女均分。

接下来，就涉及代位继承了。《民法典》第一千一百二十八条：**被继承人的子女先于被继承人死亡的，由被继承人的子女的直系晚辈血亲代位继承。**

被继承人的兄弟姐妹先于被继承人死亡的，由被继承人的兄弟姐妹的子女代位继承。

代位继承人一般只能继承被代位继承人有权继承的遗产份额。

根据此条法律条文，李明爸爸已经去世，李明可以代位继承父亲

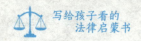
的那一部分遗产。也就是说，李明爸爸先于奶奶去世，奶奶可以继承其遗产的三分之一。奶奶去世了，这三分之一份额纳入奶奶的遗产中，由李明和叔叔均分，即叔叔可以继承李明父亲六分之一的遗产。

小法官提问：

　　李明爸爸曾立下遗嘱把所有财产都留给李明，叔叔还能分得他们的房产吗？

第二篇　校园篇

老师为什么总是针对我

1分钟案件回顾：

小辉非常调皮，上课坐不住，注意力不集中，学习成绩自然是一塌糊涂。

数学老师喜欢学习好和听话的学生，小辉就成了那个不被老师喜欢的学生。课堂上，小辉刚有小动作，数学老师便厉声喊道："小辉，你要是不认真听讲，就出去站着！"

平时写作业，小辉经常写错答案，但也用心写了，且比之前有所进步。数学老师却总是含沙射影地贬低他："有些人就是笨，这么简单的题都做错了。""全班就一个人不会答这道题，我怀疑他都没有长脑子！"

你不认真听课，就出去站着！

小辉与同学发生了冲突，明明是同学的错，数学老师却区别对待："你要是不惹事，黄同学怎么可能无缘无故惹你！""学习不行，还总捣乱，到楼道里站着去！"

一段时间后，小辉的情绪越来越低迷，还产生了强烈的厌学情绪。妈妈以为数学老师只是严厉，便安慰小辉说：

"你要好好学习,不能再调皮捣乱了。"

小辉哭着说:"我已经在努力改变了,但是,数学老师为什么总是只批评我?难道我真的是笨猪吗?"

这时,妈妈才意识到问题的严重性。经过与小辉交谈,她知晓孩子遭受到的辱骂与体罚,于是气愤地向校方反映。

后来,数学老师被停职反省,并郑重地向小辉道歉。

法律知识备忘录:

在校园中,老师批评、管教学生都是正常的行为,但是当众辱骂、体罚学生,这就涉嫌违反了法律的有关条文规定。

其中,涉及保护未成年人人格尊严的问题,《中华人民共和国未成年人保护法》(以下简称《未成年人保护法》)第二十七条:**学校、幼儿园的教职员工应当尊重未成年人人格尊严,不得对未成年人实施体罚、变相体罚或者其他侮辱人格尊严的行为。**案例中,数学老师所说的"没长脑子""笨""出去"等词汇已经侮辱了小辉的人格,给其尊严、心灵带来极大创伤。

因此,小辉可以向学校、教育局举报,要求数学老师向自己赔礼道歉。同时,小辉也要做到知法、懂法,拿起法律的武器保护自己的人格尊严和合法权益不受侵害。

小法官提问:

在校园中,老师对某个学生不过问其学习、不回答其问题,属于违法行为吗?

是谁被霸凌

芝芝是个身材有些微胖的女孩，性格很温柔。同班同学李薇虽然在老师面前是个好学生、乖乖女，但是私底下却自私、霸道，看谁不顺眼就针对谁。

一次上体育课，李薇看见芝芝跑步有些笨重，她立即嘲讽起来："哈哈哈，大家看看某个同学的样子像不像被人追赶的胖猪。哎呀，她跑过来了，我感觉大地都在颤动！"

说完，李薇与几个要好的同学还对着芝芝指指点点。更过分的是，自此之后，李薇还给芝芝起了个绰号"猪妹"，时常当着同学们的面取笑她。

对此，芝芝只能默默地忍受着。

一天课间，芝芝上完厕所却发现打不开卫生间的门。这时，李薇的声音响起："芝芝，你要是承认自己是'猪妹'，我马上放你出来。"

芝芝："李薇，你快打开门，要上课了。"

李薇："那你就承认自己是'猪妹'呀！否则，我要往厕所里面泼水了。"

芝芝的眼里含着泪，没有出声。谁知，李薇竟然真的用涮抹布的桶接了半桶水，从卫生间的上方倒了下来，弄得芝芝浑身是水。

芝芝："李薇，我求求你了，放我出去吧。"

李薇丝毫不为所动。

芝芝只能一边哭泣，一边说自己是"猪妹"……

法律知识备忘录：

校园霸凌，就是一个学生或一群学生对某一个学生的欺凌、侮辱、打骂、嘲笑等行为，给当事人造成身体和心理上的伤害。

《民法典》第一千一百六十五条：**行为人因过错侵害他人民事权益造成损害的，应当承担侵权责任。依照法律规定推定行为人有过错，其不能证明自己没有过错的，应当承担侵权责任。**只因芝芝身材微胖，李薇就给她起绰号"猪妹"，时常当众嘲讽她，让芝芝的自尊心受到了伤害；李薇把芝芝关在厕所、泼水的行为，都属于校园霸凌。

面对被霸凌，芝芝要做的不应该是一忍再忍，而是寻求正确的方法来保护自己：一是寻求老师、家长的帮助；二是报警，让法律来保护自己的合法权益不受侵害。

小法官提问：

如果遇到同学被人霸凌，你是选择沉默还是挺身而出？

我偷了考试卷子

期末考试将至，杨杨越来越焦虑，因为爸爸严重警告过他："这次考试你再考最后几名，我就打断你的腿！"

该怎么办呢？情急之下，杨杨想到了偷试卷——试卷通常在考试前一晚送到学校，被锁在教务主任的办公室里。

考试前一天晚上8点多钟，杨杨翻墙进入学校，又绕过值班的保安人员，撬开教务主任办公室里存放试卷的柜子，用手机拍摄了一份试卷。

虽然偷窃试卷的过程有点儿"惊险"，但杨杨还是安全回到了家。随后，他用搜题App搜到相应考试题目的答案，还传给了几个非常要好的同学。

结果，第二天一大早就东窗事发了。教务主任去拿试卷时发现柜子被撬动，也发现初二年级的试卷有被翻动的痕迹。学校立即对所有初二学生展开调查，又查看了教务主任办公室附近的监

嘿嘿嘿！偷到了考卷，我就逢凶化吉了。

控，根据一个侧影认出了是杨杨。

杨杨被叫到校长办公室谈话。迫于压力，杨杨承认了错误，但到了此时，他也没有意识到自己的行为是违法的。

法律知识备忘录：

杨杨偷拍试卷的行为不仅涉嫌考试作弊，还涉嫌偷盗的违法行为。

《中华人民共和国刑法》（以下简称《刑法》）第二百八十四条之一：**在法律规定的国家考试中，组织作弊的，处三年以下有期徒刑或者拘役，并处或者单处罚金；情节严重的，处三年以上七年以下有期徒刑，并处罚金。（后略）**

期末考试不属于国家级组织的考试，如果杨杨偷取并传播中考试卷、高考试卷，那么就涉嫌非法获取国家机密，将面临法律的制裁。《刑法》第二百八十二条：**以窃取、刺探、收买方法，非法获取国家秘密的，处三年以下有期徒刑、拘役、管制或者剥夺政治权利；情节严重的，处三年以上七年以下有期徒刑。（后略）**只不过，杨杨年满十四岁属于未成年人，不负有刑事责任，但会责令其父母或其他监护人加以管教。

所以，同学们要好好学习，通过自己的努力拿到好成绩，而不是铤而走险去触犯法律。

小法官提问：

请仔细想一想，考试期间还有哪些行为属于违法的？

新学期的食物中毒

1分钟案件回顾:

新学期来临，小米高高兴兴地进入校园，开始了新的校园生活。

过了一段时间，小米多次跟妈妈抱怨学校食堂的饭菜不好吃。妈妈也没当回事，只是认为孩子平时被宠坏了，吃不得一点儿苦。

这天小米放学回家后，他的精神不太好，晚饭也没有吃几口就去休息了。晚上 10 点左右，小米出现呕吐、发烧、拉肚子等症状，父母立即把他送去医院。

我肚子疼，双腿没劲儿，好像食物中毒了。

到医院后，小米发现同校十几个同学也有类似症状，经过医生诊治，怀疑是食物中毒。

小米说："下午时，我和几个同学就有些腹泻。老师说我们可能是中暑了，嘱咐我们多喝水、休息一会儿就好了。"

一位家长非常气愤地说："孩子出现了这些症状，难道老师不清楚这是食物中毒吗？"

另一位家长说："新学期刚开始就出现食物中毒事件，学校真的是太不负责了！"

第二天，众家长和食品安全部门来到学校，要求检查食堂的卫生条件、食品保质期、食品进货渠道等。

法律知识备忘录：

同学们，你们知道食物中毒都有什么样的症状吗？

没错，症状是腹泻、腹痛，有的伴随呕吐、发热。大家要了解食品卫生安全知识，认识食物中毒的特征，提高自我救护的意识。如果你怀疑自己食物中毒了，一定要向家长和老师报告。

《民法典》第一千二百零一条：**无民事行为能力人或者限制民事行为能力人在幼儿园、学校或者其他教育机构学习、生活期间，受到幼儿园、学校或者其他教育机构以外的第三人人身损害的，由第三人承担侵权责任；幼儿园、学校或者其他教育机构未尽到管理职责的，承担相应的补充责任。幼儿园、学校或者其他教育机构承担补充责任后，可以向第三人追偿。**这说明，学校应该保障孩子们的人身安全、食品安全。如果学生在学校堂食引起食物中毒，学校要承担相应的民事责任。所以，小米和其他食物中毒的同学有权联合追究学校的法律责任，并有权索取相应的赔偿。

小法官提问：

如果你在学校附近的小卖店购买零食，误食过期变质的食品而导致食物中毒，该怎么办？

停课风波

课堂上，康康与同桌发生语言冲突，扰乱了课堂纪律，语文老师对他进行了批评。谁知康康并不服气，说是同桌先惹的自己，还跟老师争吵起来，促使语文课被迫中断。

班主任知晓此事后，让康康当众向语文老师道歉，但康康拒不执行。随后，康康妈妈接到班主任通知：把孩子领回家。理由是，康康违反校规校纪，不尊重老师。

康康妈妈赶到学校时，康康已经站在班主任的办公室里，还是一副不知错的样子。班主任对康康妈妈说道："康康不是第一次违反校规校纪了，平时扰乱课堂纪律也就罢了，这一次竟然与老师争吵起来。你把孩子领回家吧，好好反省几天，向语文老师道歉后才能继续上课。"

康康却喊道："回家

不道歉，就停课！

凭什么让我停课？我不服气！

就回家，我是不会道歉的！"

妈妈气坏了："你闭嘴，快点儿跟老师道歉，难道你想被停课吗？"

康康还是梗着脖子："凭什么让我停课？他没有这个权利！"

班主任摇摇头说："你看看，这孩子是什么态度？你快点儿把他领回去吧。"

无奈，妈妈只能把康康领回家。然后，她苦口婆心地对其进行劝导，但是没有一点儿效果。眼看一周过去了，班主任仍不同意让康康复课，妈妈非常着急，每天都找班主任沟通。

班主任只有一句话："必须道歉！不道歉，继续停课。"

法律知识备忘录：

康康的班主任的做法，其实是不当的。

关于这一点，《义务教育法》第二十七条：**对违反学校管理制度的学生，学校应当予以批评教育，不得开除。**由于初中阶段的孩子正处于叛逆期，时常犯一些错误，也会违反校规校纪。老师和校方可以严加管教该学生，或者根据学生犯错程度给予警告、记过处分，但是无权让他停课，这明显剥夺了学生的受教育权。

当然，同学们也应该端正自己的言行，避免违反校规校纪。一旦犯错，就应该意识到自己的错误并好好地改正；同时，也要加强法律意识，避免做出违法的事，否则将付出一定的代价。

小法官提问：

康康经常逃课去网吧玩，学校有权开除他吗？

翘起的跑道一角

1分钟案件回顾：

体育课上，二年级学生进行100米短跑训练。轮到青青这一组时，青青用尽全力地奔跑着，希望能拿到第一名。突然，青青好像被什么东西绊了一下，向前踉跄几步后摔倒在跑道上。

体育老师和同学们立即跑过去，发现青青两个膝盖被戳伤，左手捂着右手臂，痛苦地呻吟着。原来，跑道边缘有一个小鼓包还翘起了一个角，平时同学们跑得比较慢且很少经过边缘，就没出什么意外，老师和同学们也没发现这一安全隐患。刚刚，青青恰巧踢到了翘角，又跑得太快，所以就被绊倒了。

很快，青青的父母来到学校，和体育老师一起把孩子送到附近医院。青青被诊断为右手臂尺桡骨中上段骨折，需要打入三颗钢钉，并使用石膏固定。

青青在医院治疗了一个星期，又

在家里休养了半个月后，才返回学校上课。

青青妈妈以学校未尽相关义务为由提出赔偿，包括青青的医疗费、营养费等。学校认为青青受伤是自己不小心造成的，且学校多次对学生进行安全教育，所以是没有责任的。

不得已，青青妈妈将学校告上了法庭。

法律知识备忘录：

这起事件，学校是否负有责任？

答案是肯定的。

《民法典》第一千一百九十九条：**无民事行为能力人在幼儿园、学校或者其他教育机构学习、生活期间受到人身损害的，幼儿园、学校或者其他教育机构应当承担侵权责任；但是，能够证明尽到教育、管理职责的，不承担侵权责任。**这表明，学校负有教育、管理学生的义务，在组织学生进行体育活动时应该在可预见的范围内采取必要的安全措施，保障学生的人身安全。很显然，跑道出现鼓包、翘角的情况，学校没有及时发现和处理，才导致青青在快速奔跑时摔倒而受伤。

同时，青青不满八周岁为无民事行为能力人，缺乏对周围环境的观察及自我保护。因此，学校应该对青青因摔伤造成的损害依法承担责任。

小法官提问：

如果青青被同学不小心撞倒而受伤，学校是否负有责任？

"逃离"学校

维维是某寄宿制学校七年级的学生，每天都是上课、晚自习，手机也被管理老师暂时保管了。这让平时喜爱玩游戏的维维非常懊恼，恨不得能"逃离"学校。

一开始，维维还是有贼心没贼胆，但时间长了，再加上同学的怂恿，胆子就大了起来。某个周六晚上9点左右，维维和同学小黎偷偷翻墙溜出学校，到附近的网吧玩了个痛快，直到11点多才回学校。

两人刚爬上墙头，就发现保安往这边走过来。维维急忙往下跳，结果不小心扭伤了脚，被保安发现后送至医院。

孩子是私自离校发生了意外，但维维父母认为该学校实行全封闭、寄宿制的管理模式，学生能偷偷离开学校就是学校管理上的疏忽，而且意外是在校内发生的，学校难辞其咎。

校方则坚称自己无责任，理由是维维私自翻墙离开学校，是违纪行为。学校明确告知学生不许私自离校，已经尽到管理职责；维维翻墙导致受伤，事发后，学校立即通知家长且送孩子到医院，已经履行了管理义务。

双方各持己见，未达成一致。

法律知识备忘录：

对于维维受伤这件事，谁该负责呢？

《学生伤害事故处理办法》第十三条：**下列情形下发生的造成学生人身损害后果的事故，学校行为并无不当的，不承担事故责任；事故责任应当按有关法律法规或者其他有关规定认定：（一）在学生自行上学、放学、返校、离校途中发生的；（二）在学生自行外出或者擅自离校期间发生的；（三）在放学后、节假日或者假期等学校工作时间以外，学生自行滞留学校或者自行到校发生的；（四）其他在学校管理职责范围外发生的。**

案例中，维维就读的是一所全封闭、寄宿制学校，对学生负有更全面的教育、管理义务。维维作为一名学生能翻墙离开学校，且在就寝时间内未被老师发现，说明该学校在管理上存在缺陷。

虽然维维有违纪行为，但是不能作为学校免责的理由。因此，学校应当对维维的人身伤害承担一部分责任。

小法官提问：

如果维维私自离校，在校外发生了意外事故，责任在谁呢？

把同学的门牙打掉了

中学生大强因一件小事与同学小飞发生了言语冲突，之后还扭打起来。大强的身体强壮，再加上情绪激动忽视了下手轻重，一拳把小飞的一颗门牙打掉了。

我的门牙被你打掉了，你得赔偿医疗费。

大强知道闯了祸，真诚地向对方赔礼道歉，并主动告知老师与家长。

随后，双方家长在学校领导和班主任的协调下达成口头协议，由大强父母带着小飞到医院检查身体，承担补牙的所有费用。过后，大强父母还买了很多礼品、营养品，带着大强到小飞家里探望，以表示歉意。

大强以为这件事就这样过去了。一周后，小飞父母却向大强父母提出赔偿要求，各项费用合计2万元。

大强不服气："我们已经给小飞补牙了，为什么你们还要求赔偿？

我和小飞发生冲突，也不是我一个人的错，为什么你们还要讹人？"

小飞妈妈："我们不是讹人。小飞的门牙是永久性脱落，现在是补上了，但等到他十八岁时还要重新换牙，之后在十年内还要更换一次，治疗费用不是小数目。我们这是合理要求，况且也没有要求你们赔偿我的护理费、交通费、误工费等。"

后来，经过双方协商，大强父母支付了对方的赔偿款，并签下了协议。

法律知识备忘录：

大强是未成年人，给同学造成伤害虽然不需要负刑事责任，但是按照法律规定，应当由监护人承担民事侵权责任。

关于侵权责任问题，《民法典》第一千一百八十八条：**无民事行为能力人、限制民事行为能力人造成他人损害的，由监护人承担侵权责任。监护人尽到监护职责的，可以减轻其侵权责任。有财产的无民事行为能力人、限制民事行为能力人造成他人损害的，从本人财产中支付赔偿费用；不足部分，由监护人赔偿。**所以，大强父母需要赔偿小飞为治疗和康复支出的合理费用，以及其父母因照料孩子不能上班减少的收入，也就是我们所说的误工费。

虽然大强与同学发生了冲突，双方都需要承担一部分责任，但这不是免除赔偿的理由。只要侵害造成了，就需要负民事赔偿责任。

小法官提问：

大强现在没有能力支付这笔赔偿，等他参加工作后，是否需要偿还父母为此支付的这笔赔偿？

弟弟被关进了小黑屋

　　菁菁发现四岁半的弟弟的胆子越来越小，晚上就连上厕所都不敢一个人去，就算客厅的灯亮着，他都非要妈妈陪着才行。

　　有一天，为了锻炼弟弟的胆子，菁菁故意说自己陪着他去厕所，然后突然把弟弟推进厕所里，再把门关上。菁菁大声指挥弟弟自己开厕所灯，但是里面没有反应，还传出了哭泣声。

小黑屋

老师，我再也不敢了。

　　菁菁只好把门打开，却发现弟弟缩在墙角并且浑身颤抖着，嘴里还嘟囔着："老师，我错了，不要把我关在这里，我会好好睡觉的……"

　　菁菁惊呆了，弟弟身上到底发生了什么事？

　　菁菁立即把事情告知给父母。经过耐心的引导与交流，他们才知晓了事情的真相：弟弟在幼儿园不爱睡午觉，老师便时常严厉地批评他，一开始是罚站、打手心；如果还不好好睡觉，就被关进教室旁边的小黑屋里反省。

菁菁："妈妈，幼儿园老师怎么能这样对待弟弟？我们该怎么办呀？"

菁菁的父母非常气愤，前往幼儿园查看监控，发现孩子时常被关在小黑屋里，短则半小时，长则1小时，无论孩子怎样害怕、哭闹，老师都不管不问。有好几次，孩子被关了整整一中午，等到其他孩子睡醒午觉之后才被放出来。并且，其他孩子也有被关小黑屋的情况。

拿到证据后，菁菁的父母报了警。

法律知识备忘录：

关于幼儿的启蒙教育，《未成年人保护法》第二十六条：**幼儿园应当做好保育、教育工作，遵循幼儿身心发展规律，实施启蒙教育，促进幼儿在体质、智力、品德等方面和谐发展。**

因为每个幼儿的作息习惯不一样，有的孩子习惯睡午觉，有的孩子习惯睡下午觉，幼儿园老师应该给予孩子正确的引导与教育，而不是采取简单粗暴的惩罚方式。因此，案例中的幼儿园老师不仅丧失了职业道德，而且这种对未成年人实施体罚或者侮辱其人格尊严的行为也严重触犯了法律，会受到相应的处罚。

因此，菁菁在保护弟弟的同时，若是自己遇到类似问题要及时与家长沟通，并保留证据，合理合法地保护好自己。

小法官提问：

幼儿园老师时常用手掐不听话孩子的胳膊和大腿，是否构成违法犯罪？

化学实验课发生了爆炸

1分钟案件回顾：

　　化学实验课上，化学老师带领学生们进行"氯酸钾和红磷反应"的实验。按照操作规定，必须严格把温度控制在40℃以下，因为红磷着火点很低，温度稍微高一点儿就会发生自燃；而氯酸钾也不稳定，很容易引发爆炸。

　　做实验前，化学老师多次提醒同学们：要关注温度。同时，为了保证实验的安全性，化学老师还强调要用硝酸钾替代氯酸钾。

　　同学们都认真听课，小心翼翼地做着实验。可是泽泽因为疏忽大意，他忘记了关注反应体系的温度，结果导致瓶子里面的红磷猛地燃烧起来，和硝酸钾产生了反应。接着，泽泽手里的瓶子发生爆炸，四根手指被炸得血肉模糊，衣服也着了火。离泽泽较近的同学也被殃及，一些人手里的化学试剂也发生爆炸，整个实验室顿时着起火来……

　　好在化学老师马上恢复镇定，及时组织同学们逃出教室外，然后拨打了 120 和 119 报警电话。很快，消防人员对实验室进行了专业处理。泽泽受伤比较严重，被送到医院治疗，其他同学只是受了不同程度的轻伤。

意外发生后，学校对此非常重视，对爆炸原因进行调查。泽泽承认了是自己操作失误造成的。

法律知识备忘录：

在学校，泽泽因为爆炸事故而受伤，学校应当承担相应的法律责任吗？关于这一问题，我们需要看泽泽同学或学校是否存在过错。

《学生伤害事故处理办法》第十条：**学生或者未成年学生监护人由于过错，有下列情形之一，造成学生伤害事故，应当依法承担相应的责任：（一）学生违反法律法规的规定，违反社会公共行为准则、学校的规章制度或者纪律，实施按其年龄和认知能力应当知道具有危险或者可能危及他人的行为的；（二）学生行为具有危险性，学校、教师已经告诫、纠正，但学生不听劝阻、拒不改正的；（后略）** 从案例来看，泽泽是存在过错的——操作不规范，忽视老师的操作要求。可以说，他的过错行为是造成众多损害的主要原因，应当承担主要责任。

另外，学校的教具——化学器材是符合国家标准的，不存在不安全因素。化学老师也承担了管教、教育的义务，让学生按照要求做实验，因此，学校和老师行为并无不当，不需要承担事故主要责任。

小法官提问：

其他同学因为泽泽的错误操作引发爆炸而受伤，其家长可以向学校或泽泽家长要求赔偿吗？

学姐因考试失利而跳楼了

1分钟案件回顾：

"发生了什么事，为什么学校门口闹哄哄的？"

"前两天有个高二学姐跳楼了，你不知道吗？"

"我听说了，就在我们前面的教学楼，现在我都不敢去那边了。"

"家长来学校大吵大闹，要求赔偿100万，否则就待在咱们学校门口不走了，绝食抗议！"

一个星期前，一个高二女生趁着别人不注意从教学楼的顶楼一跃跳下，当场死亡。这个女生之前的学习成绩非常好，次次都是年级第一名，但是到了高二下学期不知什么原因，她的成绩非常不稳定，名次下落到年级中游。

该女生和本校几个学生参加本市举办的"星光杯物理竞赛"，第一轮就被淘汰了，因此情绪失控，还大哭了好几次。之后，女生不再像以前那样自信，还不断给自己压力，变得越来越抑郁。最后，她选择了跳楼自杀。

对此，几个学生有不同的看法——

学生A："虽然我为学姐感到惋惜，但是她的家长就是无理取闹。学姐自杀，这和学校有什么关系？"

学生B："当然有关系啦！她是在学校跳楼的，学校没有尽到监管责任，需要负法律责任。"

学生C："学姐已经十六岁了，应该为自己的行为负责。"

对于该女生的不幸身亡，学校负有法律责任吗？

法律知识备忘录：

学生在学校跳楼自杀，学校是否承担责任，这个问题应该具体分析。

《学生伤害事故处理办法》第十二条：因下列情形之一造成的学生伤害事故，学校已履行了相应职责，行为并无不当的，无法律责任：（一）地震、雷击、台风、洪水等不可抗的自然因素造成的；（二）来自学校外部的突发性、偶发性侵害造成的；（三）学生有特异体质、特定疾病或者异常心理状态，学校不知道或者难于知道的；（四）学生自杀、自伤的；（五）在对抗性或者具有风险性的体育竞赛活动中发生意外伤害的；（六）其他意外因素造成的。本案例中，该女生自杀是因为考试失利，造成她抑郁且情绪不稳定而引发的行为。当时她已年满十六周岁属于完全民事行为能力人，学校不承担民法上的监护责任，所以不存在过错，不需要承担赔偿责任。

小法官提问：

学生在课堂上被老师责骂后而跳楼，老师和学校是否负有责任？

班里出现了"小偷"

1分钟案件回顾：

体育课下课后，同学们都跑回座位，休息的休息，喝水的喝水。这时，王怡的声音在教室里响起："啊！我的钱丢了！"

几个同学围上来，询问王怡出了什么事。王怡："早上出门，妈妈给了我 20 元让我买文具，我把钱放在笔袋里，可是现在不见了。"

同学们七嘴八舌地议论起来："你是不是放在其他地方了？""你最后一次看到钱是在什么时候？"

王怡："上体育课之前，我还看见钱在的。"

"我好像看见菲菲回了一次教室……"有个同学说道。

瞬间，所有同学的目光都集中在菲菲身上。菲菲立即辩解道："我是回了一趟教室，不过是回来喝水的。"

看看钱在不在她的书包里。

让我搜一搜，就知道是不是你拿的钱。

一个同学开口问："你有人证吗？"

菲菲摇头。

另一个同学说："那你让我们搜一搜。"

菲菲大喊道："凭什么？我说没拿就没拿！"

这时，有同学请来班主任，并把事情的原委述说了一遍。班主任严厉地说："菲菲，你要是拿了同学的钱，就主动交出来。这件事，同学们不会说出去，我也不会告诉你父母。"

菲菲依旧否认。

看菲菲如此"冥顽不灵"，班主任便让班长翻了她的书包、课桌和衣兜。结果，一无所获。

法律知识备忘录：

未成年人也有隐私权和名誉权，任何人都不得随意侵犯。其依据为《民法典》第一千零一十一条：**以非法拘禁等方式剥夺、限制他人的行动自由，或者非法搜查他人身体的，受害人有权依法请求行为人承担民事责任。**

从法律层面来看，老师在没有任何证据证明是菲菲拿了同学的钱的前提下，凭借其他同学的一面之词就认定菲菲是"小偷"，随意搜查菲菲的书包、衣兜是违法行为，侵犯了其隐私权。

而关于名誉权，《民法典》第一千零二十四条：**民事主体享有名誉权。任何组织或者个人不得以侮辱、诽谤等方式侵害他人的名誉权。名誉是对民事主体的品德、声望、才能、信用等的社会评价。**在校园中，老师可以管教学生，但是对菲菲的所作所为已经逾越了正常的管教范围，并且在事后没有对菲菲做出任何道歉之类的说明，这侵犯了其名誉权。

在事发当时，菲菲可以拒绝被搜查，并要求老师和同学向她道歉；一旦老师和同学强行搜查，菲菲可以向学校、教育部门投诉，情节严重的可以选择报警。

小法官提问：

如果同学偷偷搜查菲菲的书包和课桌，这是被允许的吗？

第 三 篇　出 行 篇

到此一游——长城

四年级学生方方登上了北京八达岭长城最高的烽火台，成为一名"好汉"。

站在长城上，眺望远方起伏的山峦，方方感受到了长城的雄伟和壮观，内心非常激动。随即，他拿出背包里的马克笔在城墙上写下——方方到此一游。然后，他转身朝不远处的爸爸喊道："爸爸，快来给我拍个照！"

爸爸看到城墙上的字迹，脸色立刻变了，问："方方，这是你刚刚写下的？"

方方点点头："是的，我还要拍照留念呢。"

爸爸："长城是我们中国历史的见证，是古人留下的文化遗产，我们应该珍惜和爱护，你在上面胡乱涂画是不文明的行为。而且，如果人人都

我要留下"到此一游"的纪念。

在上面留言、涂画，长城就会变得面目全非，你今天还能看到如此雄伟壮丽的景色吗？"

方方："对不起，爸爸，我错了。"

爸爸："知错就改，你就是好孩子。现在，你用湿巾把字迹清理干净。"

等方方把字迹清理干净后，爸爸还对他讲了很多旅游知识，告诉他哪些名胜古迹属于国家一级保护对象。

法律知识备忘录：

在古建筑、长城墙体上留言、涂画，是对文物的一种"微破坏"，不仅是不文明的行为，也涉嫌违法了。

《中华人民共和国治安管理处罚法》（以下简称《治安管理处罚法》）第六十三条：**有下列行为之一的，处警告或者二百元以下罚款；情节较重的，处五日以上十日以下拘留，并处二百元以上五百元以下罚款：（一）刻划、涂污或者以其他方式故意损坏国家保护的文物、名胜古迹的；（二）违反国家规定，在文物保护单位附近进行爆破、挖掘等活动，危及文物安全的。** 很明显，方方的行为已经违反了法律的相关规定。如果本人已经年满十四周岁，轻则会因为违法而面临处罚，重则可能涉嫌犯故意损毁名胜古迹罪。

亲爱的同学们，我们要增强文物保护意识，避免因为好奇心、好胜心而胡乱涂画。

小法官提问：

你在故宫旅游时，可以翻越围栏到宫殿里面玩耍吗？

我还不到 1.2 米，为什么要买票

1分钟案件回顾：

麦麦和妈妈坐大巴车到姥姥家过暑假，返程时却被要求买全票，不能享受免票政策。麦麦妈妈提出异议，说麦麦只有五岁，而且身高还不到 1.2 米，按照规定可以享受免票政策的。

大巴车售票员表示，每个人都必须买全票，无论你是多大的孩子，这是公司的规定。

麦麦妈妈："你这不是客运站的车吗？我们在车站买票时，一个大人都能带一个免票儿童，现在为什么不能了？"

售票员："在车站买票是可以的，但是中途上车在大巴上买票就不可以。"

麦麦妈妈："我抱着孩子不占座位，可以吗？"

售票员冷着脸回答："不可以。"

麦麦妈妈和售票员争论起来，但是售票员就是一步不让。最后，大巴车司机也说道："这是我们公司的规定，你愿意坐就买两个人的全票，要

是不愿意坐就赶快下车，不要耽误大家的时间。"

麦麦妈妈知道通往市区的大巴车就只有这一趟，无奈给麦麦买了全票。

法律知识备忘录：

其实，大巴车司机与售票员强行要求麦麦买全票的行为，明显侵犯了未成年人的合法权益，也违反了相关法律规定。

关于未成年人搭乘公共交通工具，《关于深化道路运输价格改革的意见》第二条（五）：**每一成人旅客可携带 1 名 6 周岁（含 6 周岁）以下或者身高 1.2 米（含 1.2 米）以下、且不单独占用座位的儿童免费乘车，需单独占用座位或者超过 1 名时超过的人数执行客票半价优待，并提供座位；6 ~ 14 周岁或者身高为 1.2 ~ 1.5 米的儿童乘车执行客票半价优待，并提供座位。**所以，麦麦可以依法享受免票或儿童票优惠，这是法律赋予未成年人的权益。

麦麦妈妈可以保存好车票，然后向车站、当地运输管理部门投诉，要求其退还票款。

当然，孩子们，如果你是一个人单独乘车遇到被强迫买全票的行为，不要与人发生争执，而是要保护好证据，事后再向相关部门投诉，因为个人安全是第一位的。

小法官提问：

如果你今年十三岁，但是身高超过了 1.5 米，是需要买儿童票还是成人票呢？

不小心打破了酒店的物品

　　田田和几个同学参加高中毕业旅行，住在一家预定的民宿酒店里。晚上，大家兴奋地聊天、做游戏，不小心打碎了放在电视机旁的一个花瓶。田田和同学商量之后，第二天便主动向酒店前台服务员说明情况，表示自己愿意赔偿。

　　前台服务员到房间检查一番，然后说："我登记好了，等到你们退房时统一结算就可以了。"

　　然而，等到田田退房时拿到账单却傻眼了——那个花瓶的赔偿金额竟然高达 300 元。

　　田田有些气愤地说："这只是一个普通花瓶，市场上类似的只卖几十元，为什么要我们赔这么多钱？"

　　服务员："这种款式的花瓶是我们酒店统一定制的，您打碎了其中一个，酒店再采购的话就非常麻烦。"随后，服务员还拿出一份《住客须知》，里面赫然写着：损坏一个水杯赔付 50 元，损坏电视机遥控器赔付 100 元，损坏一个花瓶赔付 300 元……

田田和同学只好央求服务员少收些钱，说他们是学生，没有那么多钱。

遭到了对方的拒绝后，田田和同学只能认倒霉，最后赔偿了事。

法律知识备忘录：

孩子们，你们说田田应当赔付这 300 元吗？

《民法典》第一千一百八十四条：**侵害他人财产的，财产损失按照损失发生时的市场价格或者其他合理方式计算。** 就是说，客人损坏了物品，酒店要求赔偿是合理的，但是一个花瓶要求 300 元的高价赔偿并不合理。

田田和同学办理了入住手续，酒店为其服务，双方就形成了一种合同关系，且是平等的。田田不小心打碎了酒店的花瓶，理应给予赔偿，但是，赔偿标准不是由酒店单方面决定的，应该按照类似花瓶的市场价来赔偿。

很明显，一个普通花瓶价值 300 元不符合市场价的标准，田田和同学可以理直气壮地拒绝赔付。如果酒店强行索赔，田田可以向物价部门投诉或者打 110 报警，保护自己的合法权益。

小法官提问：

田田住酒店时不小心拿走了房间的吹风机，但不愿意归还，这涉嫌盗窃吗？

被暴雨延误的航班

五一假期到了，悦悦和父母下午 5 点多就来到机场候机厅，准备飞往南昌参加小姨的婚礼。

眼看登机时间就到了，却传来航班晚点的消息——南昌突发大暴雨，飞往南昌的航班延迟起飞。等到晚上 9 点，航班还没有正常起飞，有一些乘客开始抱怨："航班已经晚点 2 个多小时了，到底什么时间能起飞？"

工作人员耐心地解释："实在很抱歉！飞机延误，是因为目的地的大暴雨还没有停……"

乘客："难道你们让所有人在机场等一个晚上吗？"

悦悦父母："是啊，难道机场不能安排食宿吗？大人还可以凑合一阵子，孩子就不行了，你看看，我家孩子现在还没有吃饭，也不能好好休息。"

悦悦委屈地点了点头：

"我很饿，也很困。妈妈，我们还能赶上明天小姨的婚礼吗？"

乘客："太过分了！你们只是说飞机延误，又不能告知我们延误到几点，机场服务还跟不上，我一定要投诉你们！"

顿时，大部分乘客的愤怒情绪被点燃，有人高喊着"安排食宿"，有人要求赔偿自己的损失。

法律知识备忘录：

航班被延误，乘客的情绪激动是可以理解的，不过，悦悦，你们的要求是不合理的哦！

《民法典》第八百二十条：**承运人应当按照有效客票记载的时间、班次和座位号运输旅客。承运人迟延运输或者有其他不能正常运输情形的，应当及时告知和提醒旅客，采取必要的安置措施，并根据旅客的要求安排改乘其他班次或者退票；由此造成旅客损失的，承运人应当承担赔偿责任，但是不可归责于承运人的除外。**本案例中，飞机不能按时起飞是天气原因造成的，与航空公司和机场无关，是不应承担赔偿责任的。

针对此情况，旅客可以要求退票，也可以改签。至于其他应尽的服务义务，比如安排餐食、住宿，机场是需要做到的。不过，根据地区的不同规定，有些费用要由旅客来承担。

小法官提问：

如果悦悦搭乘的飞机出现机械故障导致航班取消，可以要求赔偿吗？

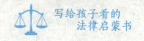
监督家长——酒后不驾车，驾车不喝酒

1分钟案件回顾：

周末，强强的爸爸带着强强参加朋友聚会。席间，朋友们极力劝酒，强强爸爸说自己开车了不能喝酒。但没过多久，他就忍不住喝了两杯，并决定打出租车回家。

聚会结束后，由于酒店的位置有些偏僻，爸爸和强强等了半个小时也没有等到一辆出租车。于是，爸爸决定自己开车回家，强强立即阻止："爸爸，你喝酒了，不能开车。"

爸爸："没关系，我就喝了两杯。再说我们哪有那么倒霉，开车就会遇到交警查酒驾。"

结果，他们刚开过两条街道便遇到交警在前方路口查酒驾。执勤交警对强强爸爸进行现场呼气测试，测试值为 35 mg/100mL，涉嫌饮酒驾驶。

交警："先生，我们将对你处以暂扣 6 个月驾驶证，并处 1000 元罚款。"

强强向交警求情："警察叔叔，我爸爸这是第一次

你已经涉嫌酒驾，我们将对你处以暂扣6个月驾驶证，并处1000元罚款。

喝酒开车，现在也没有出事，你就放过我爸爸吧！"

　　交警说："小朋友，你爸爸酒后开车已经违法了，我是按照法律规定对他进行处罚。你应该多劝说和监督爸爸，告诉他开车不喝酒、喝酒不开车，知道了吗？"

　　强强："我知道了，以后我一定好好监督爸爸，绝对不允许他酒后开车。"

法律知识备忘录：

　　在我国，每年由酒后驾车引发的交通事故达数万起。

　　《中华人民共和国道路交通安全法》（以下简称《道路交通安全法》）第二十二条：**机动车驾驶人应当遵守道路交通安全法律、法规的规定，按照操作规范安全驾驶、文明驾驶。**

　　饮酒、服用国家管制的精神药品或者麻醉药品，或者患有妨碍安全驾驶机动车的疾病，或者过度疲劳影响安全驾驶的，不得驾驶机动车。任何人不得强迫、指使、纵容驾驶人违反道路交通安全法律、法规和机动车安全驾驶要求驾驶机动车。

　　一旦发生酒后驾车事故，将面临暂扣或吊销机动车驾驶证的处罚，并处罚金。另外，如果酒后驾驶引发交通事故致人重伤、死亡或者使公私财产遭受重大损失的，便涉嫌交通肇事罪。

　　同学们也要像强强一样记住交警叔叔的话：监督家长不能酒后开车。

小法官提问：

　　想一想，酒后骑电动车是否涉嫌违法？

夏令营老师用戒尺打了我

暑假到了，妈妈一直希望夏夏能接受国学和传统文化的熏陶，也希望夏夏能变得独立自主，就给他在某国学夏令营报了名。

夏令营结束时，妈妈来接夏夏回家。一看到妈妈，夏夏就扑了上来，眼里还含着泪。妈妈以为孩子这是想父母了，还取笑了他几句。可等回到家，妈妈便发现了异常——夏夏身上有好几处轻微的红肿，左手臂上有一块瘀青都已经发紫了。

妈妈急忙问道："宝贝，你身上为什么这么多处伤痕？"

回答不上问题，该打！该罚！

夏夏支吾起来："这是……我……"

妈妈："这是跟同学打架了？你不要怕，告诉妈妈实话。"

夏夏这才开口说道："这是夏令营老师体罚造成的。课堂上，我们回答不上来问题，或者有说话、乱动等行为，老师就用戒尺打手臂……"

妈妈非常震惊，没想

到夏令营老师竟然用暴力对待孩子，立即联络了几个同学的家长。沟通发现，夏令营中的所有孩子都遭到了体罚、打骂，一些顽皮的男生还被罚下跪、不允许吃饭。

家长们都异常愤怒，联合起来报警，同时送孩子去医院做伤情鉴定并治疗……

法律知识备忘录：

夏夏等同学参加夏令营活动，该国学培训机构对于这些未成年人负有教育、管理、看护的职责。

《刑法》第二百六十条之一：**对未成年人、老年人、患病的人、残疾人等负有监护、看护职责的人虐待被监护、看护的人，情节恶劣的，处三年以下有期徒刑或者拘役。（后略）** 就是说，无论该国学培训机构老师是为了所谓的"教孩子们规矩"，还是"整顿课堂纪律"，其用戒尺打孩子、罚孩子下跪等行为已经构成违法，都涉嫌殴打和虐待未成年人罪。

所以，同学们，如果你在课外活动中也遭到了体罚或打骂，一定要告知家长或者拨打110报警，不要认为这是老师正常的教学方法。

如果你被威胁且失去了人身自由（被人关起来），要想办法先保障自己的安全，找机会报警或者逃出去后再及时报警。

小法官提问：

如果夏夏违反了课堂纪律被夏令营老师打手心和罚站，那么，老师的做法属于违法行为吗？

插座里的摄像头

　　朵朵的假期到了，父母安排一家人到重庆旅游。晚上10点，朵朵一家人到达预定的民宿，便简单收拾一下就休息了。

　　第二天，他们游玩了好多景点。回到民宿，朵朵拿起遥控器准备播放自己喜欢看的动画片。突然，她发现电视机下方的电源插座里有一个闪动的小红点，便叫来爸爸查看。

　　爸爸立即跑过来，检查后发现插座孔里面有一个针孔摄像头。于是，他立即拨打了110报警电话。

爸爸，插座里怎么有一个闪烁的小红点？

　　警察赶到现场后，马上查看民宿老板的电脑，果然发现了大量偷拍的影像、照片。民宿老板解释说，摄像头可能是已辞职的员工安装的，自己根本不知情。这是我们的工作疏忽，为了表示歉意，我们可以退还客人这几天的房费，并且给些当地特产作为赔偿。

　　警察并不认可民宿老板的解

释，表示会对摄像头的安装进行调查，随后拆下摄像头并带走电脑进行取证。

法律知识备忘录：

遇到这种情况，朵朵一家人应该怎么办呢？

《民法典》第一千零三十三条：**除法律另有规定或者权利人明确同意外，任何组织或者个人不得实施下列行为：（一）以电话、短信、即时通讯工具、电子邮件、传单等方式侵扰他人的私人生活安宁；（二）进入、拍摄、窥视他人的住宅、宾馆房间等私密空间；（三）拍摄、窥视、窃听、公开他人的私密活动；（四）拍摄、窥视他人身体的私密部位；（五）处理他人的私密信息；（六）以其他方式侵害他人的隐私权。** 显然，民宿房间里偷装针孔摄像头是违法行为，侵犯了朵朵一家人的个人隐私。

朵朵爸爸的第一步做法非常正确，报警来处理。那么，接下来还应该这样做：第一，要求删除视频和照片，并且调查相关资料是否传播到了网络上；第二，等警察调查结束后，向法院提起诉讼，要求侵权人赔偿相应损失。

孩子们，如果你遇到类似情况要立刻报警，然后追究偷拍者的法律责任，才能更好地保障自己的人身安全和隐私权。

小法官提问：

如果朵朵有关个人隐私的视频或照片被人传播到网络上，该如何维权呢？

好事变坏事

1分钟案件回顾：

十一假期到了，小丽与小慧两个好朋友相约到郊区的花谷游玩，由小丽妈妈开自家车前往，小慧妈妈坐副驾驶，小丽和小慧则坐在后排座。一路上，大家聊得很开心，车里充满了欢声笑语。

可是，车辆行至一拐弯处发生了意外。突然，前方蹿出一只野狗，小丽妈妈猛打方向盘，车子失去控制撞到路旁的路基和绿化带。猛烈的撞击让车辆严重损坏，四个人也不同程度地受了伤，其中小慧则受伤最重，轻微脑震荡、右手骨折。

事后，小慧妈妈向小丽妈妈提出赔偿，要求支付小慧和她的医疗费、营养费、精神损害抚慰金等各项费用。然后，小丽和小慧的友谊也"意外"反转——两人父母都交代她们不要再和对方一起玩。

小丽非常伤心地问妈妈："妈妈好心载着她们一起出去玩，为什么小慧妈妈要让我们

搭车外出，因交通意外受伤，驾驶员应当承担赔偿责任吗？

赔钱呢？出了这事是意外，妈妈也不是故意的呀！"

妈妈无奈地摇摇头，不知道如何解释。

法律知识备忘录：

小丽妈妈载着小慧母女一起外出游玩，这属于好意搭乘，就是非营运机动车所有人或驾驶人出于好意，无偿邀请或允许他人搭乘自己的车辆。虽然双方不构成合同关系，也不存在约定义务，但是存在法定的义务责任。

《民法典》第一千一百六十六条：**行为人造成他人民事权益损害，不论行为人有无过错，法律规定应当承担侵权责任的，依照其规定。** 小丽妈妈是车主且是驾驶人，在驾驶车辆过程中有安全驾驶和保障搭乘人安全的义务。途中发生事故纯属意外，但是造成了小慧的身体损害，小丽妈妈应当承担赔偿责任。

《民法典》第一千二百一十七条：**非营运机动车发生交通事故造成无偿搭乘人损害，属于该机动车一方责任的，应当减轻其赔偿责任，但是机动车使用人有故意或者重大过失的除外。** 按照公平原则，可以减轻小丽妈妈的赔偿责任。

不过，同学们要注意了，如果小丽妈妈因接打电话、闯红灯等行为造成交通事故，那么就需要承担全部的损害责任。

小法官提问：

如果前方车辆中有人往外扔水瓶让后方车辆发生了交通事故，进而导致小慧受伤，那么，应该由谁来承担责任呢？

游学中崴了脚

1分钟案件回顾：

三年级学生李然与王曦是好友，这几天一直在做攻略准备，因为他们马上要参加某培训机构组织的夏令营活动"亲历名校熏陶——游学北大清华校园"。

两位妈妈与培训机构签订了《家长委托协议》，协议规定，游学活动期间，培训机构负责开展行前安全教育及行后配合活动，接受家长的委托和授权履行监护职责，负责孩子的安全及管理工作。

夏令营开始了，李然和王曦踏上了游学之旅。第一天，大家游览了北京大学，参观了大学生的教室、图书馆、体育场等地方，孩子们都非常兴奋。从体育场出来，李然和王曦跑闹着追逐，一个不小心导致王曦从比较高的台阶上摔下来，造成右脚脚踝部软组织损伤，没有办法正常走路。

都怪我不小心崴了脚，浪费了游学的好机会。

王曦只能回家养伤，还一直自责，怪自己崴脚而浪费了这么好的游学机会。

王曦妈妈认为培训机构没能尽到安全保障义务，导致孩子意外受伤，于是便向法院提起诉讼，要求培训机构退还所交游学费用，并向培训机构和李然妈妈提起赔偿要求。

法律知识备忘录：

两位妈妈与培训机构签订了《家长委托协议》，双方就形成了委托合同关系。

《民法典》第三十四条：**监护人的职责是代理被监护人实施民事法律行为，保护被监护人的人身权利、财产权利以及其他合法权益等。**（后略）培训机构是所有参加夏令营同学的临时监护人，王曦出现脚部软组织损伤，培训机构未能履行保障其人身安全的合同义务，应该赔偿其损失。

那么，是不是李然妈妈不需要负责呢？不是的。《民法典》第一千一百八十九条：**无民事行为能力人、限制民事行为能力人造成他人损害，监护人将监护职责委托给他人的，监护人应当承担侵权责任；受托人有过错的，承担相应的责任。**这说明，监护人虽然将未成年人委托他人代为照管，但监护职责并不因委托关系而转移。

在游学过程中，王曦因与李然打闹而受伤了，李然的监护人（李然妈妈）与委托监护人（培训机构）分别承担侵权责任。所以，王曦妈妈的诉求是合理的。

小法官提问：

游学期间，李然与某同伴发生肢体冲突导致磕断了半颗牙齿，应该由谁负责呢？

有人落水了，快救人

1分钟案件回顾：

"有人落水了！快救人！"

木木和爸爸、妈妈正在湖边观景、拍照，突然听到前方不远处有人求救，爸爸就匆忙地跑过去救人。

原来，湖岸边有一处护栏突然断裂了，一个少年不小心掉落湖中。万幸此处湖水不深，紧急时刻，大家合力将落水少年救起。

少年呛了几口水，受到了惊吓。少年妈妈一边安慰孩子，一边向施以援手的众人表示感谢。等到少年平复下来，他委屈地说："我没有用力倚靠栏杆，只是把胳膊放在上面，身体向前倾斜了一下想拍个照片，这栏杆就突然断裂了……"

少年妈妈："这景区太不负责任了，护栏已经损坏，为什么不及时修好？"

围观者A："是啊，景区应该立一个安全告示牌。"

围观者B："万一有人出现意外，这多

危险！这位女士，你应该起诉景区，要求他们赔偿孩子的精神损失费……"

木木看着议论的大人们，心想：大哥哥不是自己落水的吗？为什么要让景区赔偿呢？

法律知识备忘录：

游客意外落水，景区是否需要承担责任并给予当事人赔偿，这应该具体问题具体分析。

情况一：景区已经尽到管理义务及提示义务，不需要承担相应责任。比如，及时检查各项设施，保证本景点的旅游设施始终处于完好状况；定时在责任区进行巡查，发现游客有冒险行为，及时劝阻；在危险地带竖立了安全告示、警示牌。

情况二：景区未尽到管理义务及提示义务。在这种情况下，需要依据《民法典》第一千一百九十八条：**宾馆、商场、银行、车站、机场、体育场馆、娱乐场所等经营场所、公共场所的经营者、管理者或者群众性活动的组织者，未尽到安全保障义务，造成他人损害的，应当承担侵权责任。**

因第三人的行为造成他人损害的，由第三人承担侵权责任；经营者、管理者或者组织者未尽到安全保障义务的，承担相应的补充责任。经营者、管理者或者组织者承担补充责任后，可以向第三人追偿。

显然，景区发生的意外属于第二种情况。景区没有及时发现栏杆断裂，也没有竖立警示牌，这才导致少年意外落水。所以，少年家长可以向景区要求赔偿。

小法官提问：

湖边有安全告示，有人偏偏在湖边捉鱼、游泳，当出现意外时，景区需要承担责任吗？

一日游变成"购物游"

　　暑假到了，家住天津的大宇一家人就报了某旅行社组织的"全家欢乐总动员——北京一日游"活动，景点包括八达岭长城、十三陵、鸟巢和水立方，费用却只有298元。

　　大宇爸爸询问旅行社为什么这么便宜，是不是购物游？旅行社解释说他们是按季度购票，门票可以打折。

　　大宇一家和其他团友登上大巴车，很快，大巴车来到了长城脚下——实际上，这里是水关长城，风景不如八达岭长城。下车后，导游便招呼大家集合，说最多只能游览一个半小时，随后带大家一起吃饭。

　　吃完饭后，导游就带着所有游客前往一家"特色商店"，劝大家买一些北京特产回去送亲朋好友。就这样，游客在此逗留了一个多小时，然后大巴车出发前往

十三陵景区，流程也是类似。

看到大宇一家没有买什么东西，导游就说："既然来了，你们也或多或少带点儿特产回去。"

大宇爸爸拒绝道："我们不爱吃这些东西，再说之前来北京时已经给亲人带过了，这次不再买了。"

导游立即拉下脸来，嘟囔了几句，朝着其他人走去。就这样，大宇一家兴冲冲地来旅游，却失望地回家了。

法律知识备忘录：

所谓"百元享受千元级别实惠游"的诱人宣传，其实是旅行社用低价来做诱饵，然后安排游客去指定的商家，通过怂恿、强制消费的方式来获取利益。

旅行社的这种行为，明显违反了《中华人民共和国旅游法》第三十五条：**旅行社不得以不合理的低价组织旅游活动，诱骗旅游者，并通过安排购物或者另行付费旅游项目获取回扣等不正当利益。**

旅行社组织、接待旅游者，不得指定具体购物场所，不得安排另行付费旅游项目。但是，经双方协商一致或者旅游者要求，且不影响其他旅游者行程安排的除外。

发生违反前两款规定情形的，旅游者有权在旅游行程结束后三十日内，要求旅行社为其办理退货并先行垫付退货货款，或者退还另行付费旅游项目的费用。

大家请记住，在旅行中遇到被诱骗购物、强迫购物等情况，一定要保护好自己的钱包，同时向有关部门举报。

小法官提问：

旅行过程中，因为你没有购买导游推荐的商品而被对方辱骂、吐槽，该怎么办？

霸王条款——中途退团不退费

优优马上要成为初中生了，舅舅陈盛想着带他去云南旅行一趟，就特意找了一家大型旅行社咨询。经过不同旅游线路的对比，他们最后选中了一款"7天6夜特色游"。

可是，云南旅游第三天，陈盛接到公司的电话，说一个大客户出现了问题，老板要求他必须赶回公司处理相关事宜。

优优想一个人继续跟着旅行团玩，但是陈盛担心他的安全，要求他必须一起返回。无奈，两人只能选择退团，旅行社的导游却说："你们可以选择退团，但是你们这属于中途临时性退团，剩余费用一律不退。"

陈盛对此质疑道："既然不参与之后的行程，我们可以

中途退团不退费的规定就是霸王条款，是不合理的！

不退费

旅行社

支付一部分损失费和违约金，旅行社就应该退还我们剩余的款项。"

　　导游："酒店费用、景区门票都是我们提前预订的，游客退团了，旅行社就要遭受经济损失，所以中途退团是不退费用的。而且，我们在合同条款'特别约定'中明确规定：出发前，有游客退团，需要支付旅行社的业务损失费和违约金；出发后，有游客退团，费用一律不退！"

　　陈盛据理力争："虽然酒店、景区门票都是预定的，也是可以随时取消的。中途退团一分钱不退的规定就是霸王条款，是不合理的。"

　　导游："旅行社就是这么规定的，如果你觉得不妥，可以投诉。"

　　由于陈盛急着赶回去处理工作，便没有与导游继续纠缠下去，但心里免不了有些疙瘩。

法律知识备忘录：

　　旅游途中退团不退费，这明显是一则霸王条款，侵犯了消费者的合法权益。

　　很多时候，有些游客为了有一个愉快的旅行，明知道旅行社制定了"霸王条款"，依旧抱着"多一事不如少一事"的原则，不加以追究。关于霸王条款，《民法典》第四百九十六条：**格式条款是当事人为了重复使用而预先拟定，并在订立合同时未与对方协商的条款。**

　　采用格式条款订立合同的，提供格式条款的一方应当遵循公平原则确定当事人之间的权利和义务，并采取合理的方式提示对方注意免除或者减轻其责任等与对方有重大利害关系的条款，按照对方的要求，对该条款予以说明。提供格式条款的一方未履行提示或者说明义务，致使对方没有注意或者理解与其有重大利害关系的条款的，对方可以主张该条款不成为合同的内容。

这说明，"中途退团不退费"这一所谓规定，没有遵循公平原则确定当事人之间的权利和义务，加重了消费者的责任，限制了消费者的权利，所以约定是无效的。优优和舅舅可以向国家旅游局举报或拨打 12315 进行投诉。

小法官提问：

想想看，旅行合同中还有哪些"霸王条款"呢？

第四篇　消费篇

"穿越时空"的饮料

五年级学生明明和超子踢完球回家，在小区门口的小超市买了一瓶饮料。本着朋友分享的原则，明明把半瓶饮料递给了超子。超子喝了几口后，摆弄饮料瓶子却发现生产日期好像不对劲儿。

超子："今天是几号？"

明明："今天是周日，应该是 6 月 5 号吧，咱们周三才过了六一儿童节。"

超子："你看看，饮料瓶上的生产日期是 2022 年 6 月 7 日，难道这瓶饮料穿越了？"

咦？生产日期是后天的，难道这瓶饮料"穿越"了？

明明拿过饮料瓶子一看，发现确实如此，说："我们买到假货了？可是，这是 ×× 饮料呀！我以前看过辨别真假饮料的方法，其中一条就是看瓶子的软硬程度，这个瓶子捏起来和平常的一样，而且饮料的味道跟以前也没有区别。"

超子："嗯嗯，我也爱喝这款饮料，确实就是这个味道。"

明明："不用管了，反正不是过期饮料，也不是假冒伪劣产品。我们现在已经喝完了一整瓶，也没有什么不舒服的。"

明明认为这件事没有什么大不了的，就拉着超子回家了。

法律知识备忘录：

很多产品下线到经过检验出厂、运输再到销售，往往需要一段时间，一些生产企业为了延长保质期、节省人力，标注的生产日期都会延后几天。一旦流通环节没有控制好，产品提前上市就会造成"穿越"现象。

《民法典》第一千二百零三条：**因产品存在缺陷造成他人损害的，被侵权人可以向产品的生产者请求赔偿，也可以向产品的销售者请求赔偿。**

产品缺陷由生产者造成的，销售者赔偿后，有权向生产者追偿。因销售者的过错使产品存在缺陷的，生产者赔偿后，有权向销售者追偿。从法律层面上来说，饮料"时空穿越"这是虚假标注食品生产日期和保质期的违法行为，侵犯了消费者的合法权益——一旦产品因为"早产"而过期、变质，很容易危害消费者的身体健康。

所以，亲爱的明明可不要掉以轻心，你可以直接举报小超市，或者拨打 12315 进行投诉才是正确的选择。

小法官提问：

在超市买面包、香肠等食物，发现包装袋损坏或是食物发霉，大家应该如何维权？

高价矿泉水

1分钟案件回顾：

中考结束后，大川约了几个同学到郊区去爬山，放松一下。

当天，大川几个人绕着高山转了一个多小时，又加上天气炎热，一个个都满头大汗。看到路边有一个便民服务站，大川就给同学们一人拿了一瓶冰镇矿泉水，痛快地喝了几口后，他才问多少钱。

这一瓶水是正常售价的三倍，而且你没有明码标价，我要投诉！

听到店主说30元时，大川很吃惊："这么贵，你这一瓶水6元呀？"

店主："对，就是这个价钱。"

大川："这种矿泉水的正常价格是2元一瓶，就算景区的东西比外面贵一些，但也不能太离谱了吧。"

店主："你嫌贵可以不买，买之前你又没问价格，现在又嫌它贵了。你们这些小孩子还挺不讲理的。"

大川："没问价格是我不对，没有标明价格就是你的不对了，你是故意欺骗那些疏忽大意的人。"

听了这话，店主和大川争吵起来。同学们不想让这件小事破坏了大家的好心情，便争着付了钱。

大川只好吃了哑巴亏。

法律知识备忘录：

景区卖高价矿泉水，合理吗？

同学们需要知道一点，商品售价可以由经营者（也就是店主）自主定价，因为景区的运输成本、房租和管理费用都比较高，所以，矿泉水的售价高一些也是合理的。

交易应当按照自愿、自主的原则来进行。不过，为了防止欺骗消费者，商家必须明码标价且把价签标记在明显的地方，让消费者明明白白地消费。

《中华人民共和国价格法》第十三条：**经营者销售、收购商品和提供服务，应当按照政府价格主管部门的规定明码标价，注明商品的品名、产地、规格、等级、计价单位、价格或者服务的项目、收费标准等有关情况。经营者不得在标价之外加价出售商品，不得收取任何未予标明的费用。**即所售商品明码标价，不得随意哄抬物价。

本案例中，店主没有标明矿泉水的价格，这属于不正当的隐瞒价格行为。大川几个人可以拨打12315电话进行投诉，同时要求退还多支付的钱。

小法官提问：

商家对平常一瓶2元的矿泉水标价20元，这合法吗？

"薅羊毛"惹来了祸

1分钟案件回顾：

乐乐和表姐聊天，说妈妈给她买了新款学习机，好用又便宜，才1000元。表姐马上在电商平台查询这款学习机，价格却是3000多元，便询问乐乐是不是记错了。

乐乐告诉表姐，妈妈不久前加入了一个微信群，有人会发各种优惠券、积分券，还有秒杀活动。妈妈用这些优惠券买了很多便宜货，这款学习机就是因为商家标错了价被群主发现，所以妈妈和许多群友成为"幸运儿"，薅到了羊毛。

表姐非常羡慕，便让自己妈妈也加入该微信群，说这是"有福共享"。

真是太幸运了，又薅到了羊毛。

没过多久，这个微信群就解散了，群主也被警察带走调查，说是利用平台漏洞大批量恶意下单，对卖家店铺实施网络诈骗。乐乐妈妈和很多人参与其中，虽然因为她们不知道内幕不需要负刑事责任，但是构成了不当得利，将面临处罚。

乐乐："我们用优惠券买到

便宜的商品，难道这也错了？"

表姐："我也不理解，明明是商家标错了价格，为什么还要怪我们？"

两个小姐妹陷入了沉思……

法律知识备忘录：

"薅羊毛"是一个网络热词，主要是消费者利用商家推出的各种优惠补贴买到更优惠的产品。

消费者偶尔"薅羊毛"是合法合规的，但是像乐乐妈妈一样已经发展成"羊毛党"，多次利用平台漏洞、商家过失来薅羊毛，就涉嫌不当得利。

关于不当得利，《民法典》第一百二十二条：**因他人没有法律根据，取得不当利益，受损失的人有权请求其返还不当利益。**所以，商家有权要求乐乐妈妈退款。如果商家遭受的经济损失较大，乐乐妈妈又拒绝退款，便将面临依法处理。

该微信群的群主还涉嫌诈骗罪。因为他不仅故意利用平台商家规则的漏洞，还利用技术手段恶意骗取电商平台的优惠券，通过让微信群人员大批量下单而获取经济利益。

所以，亲爱的同学们，我们可要知法、懂法，提醒父母不能因贪便宜做"羊毛党"。

小法官提问：

"双十一"活动期间，乐乐妈妈为了拿到更多的优惠券，用朋友的身份信息注册账号，这种行为违法吗？

从直播间买到了假货

1分钟案件回顾：

　　壮壮是个孝顺的孩子，一放假就回老家看望奶奶，还拿零花钱买老年人奶粉、蛋白粉等送给奶奶。

　　这天，壮壮刷视频刷到一个直播卖货的，主播正在介绍一款即食燕窝，里面含有丰富的营养素和矿物质，适合老人和孩子食用。壮壮知道奶奶没有吃过这种补品，就拿出自己的压岁钱买了两盒。

　　燕窝寄到了，壮壮兴奋地拿给爸爸看。爸爸得知这燕窝是从网红直播间购买的，便认真地查看它的成分——因为他听说很多直播间卖的燕窝是"糖水"，燕窝的有效成分含量非常低。

　　查看配料表之后，爸爸发现其配料成分包括冰糖、水、燕窝、琼脂、海藻酸钠和乳酸钙等，只是燕窝的固体含量连 5% 都不到。爸爸说："孩子，这个燕窝是假货，能退还是退了吧，我们晚上到商场再为奶奶挑选一款好的食品。"

　　壮壮："怎么会是假

货？直播间说燕窝的质量很好呀，我一定要问问是怎么回事！"

壮壮马上咨询了直播间客服，结果对方根本不承认是假货，还承诺若是证明为假货，可以假一赔十。

法律知识备忘录：

案例中，主播宣传产品是燕窝，里面含有丰富的营养成分和矿物质。正是因为看到这个信息，壮壮才决定购买其产品。

《中华人民共和国广告法》第五十六条：**违反本法规定，发布虚假广告，欺骗、误导消费者，使购买商品或者接受服务的消费者的合法权益受到损害的，由广告主依法承担民事责任。广告经营者、广告发布者不能提供广告主的真实名称、地址和有效联系方式的，消费者可以要求广告经营者、广告发布者先行赔偿。**

关系消费者生命健康的商品或者服务的虚假广告，造成消费者损害的，其广告经营者、广告发布者、广告代言人应当与广告主承担连带责任。（后略）事实证明，该产品含有少量燕窝成分，不符合其宣传的标准，这就涉嫌虚假宣传、欺骗消费者了。就是说，主播需要因侵害消费者的合法权益而承担民事责任。

所以，壮壮可以直接找卖家要求退货，也可以向消费者协会或市场监督部门投诉，维护自己的合法权益。当然，直播间卖家的行为已经涉嫌违法，也将面临处罚。

小法官提问：

买到假货，我们应该如何维护自己的合法权益？其维权流程是怎样的？

特价衣服不能退换

漫漫在高考后的暑假期间打了2个月的工，第一次挣到钱的她非常高兴，为爸爸、妈妈、弟弟都买了礼物，也给自己买了新手机。弟弟的礼物是一件羽绒服，由于是反季销售，价格非常优惠。

弟弟非常喜欢这件衣服，还穿着它在房间里臭美了好一阵子。不过，叠衣服时，漫漫发现衣角有一个小口子，细小的羽绒都冒出来了。漫漫立即拿着衣服找商家退换，但是被商家一口拒绝了。

商家表示，现在是反季销售，所有衣服都是特价品不可以退换的。

而且，当初你购买的时候就应该查看清楚，确保质量没问题再付款，谁能保证这道口子不是你买后不小心划的。

漫漫着急地说："不是我们划坏的，这真的是你们卖给我时就有了。"

商家还是拒绝退还，表示特价商品不退不换是行业规定，不过可以对衣服进行修补。

法律知识备忘录：

"特价商品不退不换"，这个条款已经违反了相关的法律规定。

漫漫在购买衣服时，如果商家明确告知了这是特价商品，没有质量问题的话不退不换。这可以作为一个格式条款，漫漫就不可以要求退换衣服。如果商品存在质量问题，商家就应该给予退换。

法律规定，商品具有一般质量问题的，商家应承担商品质量责任。《中华人民共和国消费者权益保护法》（以下简称《消费者权益保护法》）第十条：**消费者享有公平交易的权利。**

消费者在购买商品或者接受服务时，有权获得质量保障、价格合理、计量正确等公平交易条件，有权拒绝经营者的强制交易行为。 就是说，只要是商品出现质量问题，无论是不是特价商品，商家都需要给予退换。

所以，漫漫给弟弟买的羽绒服被划了一个口子，确实不是自己划坏的，就有权利要求商家履行更换义务。

小法官提问：

购物时，商家送的赠品出现质量问题，商家需要承担责任吗？因为赠品导致人身或财产损失，可以向商家索赔吗？

该不该开发票

1分钟案件回顾：

儿童节这一天，恰好是松松生日，爸爸、妈妈就带着他和几个小伙伴去吃烤肉。这可让松松高兴坏了，痛痛快快地美餐了一顿，还和小伙伴吃蛋糕、唱歌。

会餐结束后，爸爸到前台结账，并且要求开发票。服务员却说："送您一瓶饮料吧，不要开发票了。"

松松爸爸："我不需要饮料，你还是开发票吧。"

服务员："我们这个月的发票不多了，要不然给您两瓶饮料，或者给您抹零？"

松松爸爸拒绝了对方的建议，坚持要求对方开具发票。

当服务员知道要开个人发票时，说："对不起，我们只能开具单位发票，请您告知单位名称和税号。"

松松爸爸："我消费

如果你不能开具发票，我现在就拨打工商部门的电话举报。

对不起，开不了发票。

了，就有权要求饭店开发票，饭店也有义务向我提供发票，为什么你百般推托？如果你不能开具发票，我现在就拨打工商部门的电话。"

服务员马上服软了，开具了个人发票。

出门后，松松问道："爸爸，你为什么非要开发票呀？人家给我们两瓶饮料，难道不好吗？"

法律知识备忘录：

发票是我们购物时商家开具的凭证，也是税务机关执法检查、征收税款的重要依据。

烤肉店属于个体户，采取的是定期定额征税的管理方法，税务局核定缴纳多少税的同时，也会核定每个月给这些个体户的发票限量。如果烤肉店连续几个月超限量领取发票，税务局可能会调整核定税额，也就是说，需要缴纳的税款就会增加。反之，税款就会减少。从烤肉店不给开发票来看，这就涉嫌偷税逃税了。

同时，出具发票是经营者的义务。《消费者权益保护法》第二十二条：**经营者提供商品或者服务，应当按照国家有关规定或者商业惯例向消费者出具发票等购货凭证或者服务单据；消费者索要发票等购货凭证或者服务单据的，经营者必须出具。**所以，松松爸爸要求烤肉店服务员开发票是合理的，也是在维护自己的合法权益。

小法官提问：

松松爸爸可以要求烤肉店多开发票（发票金额大于消费金额）吗？

免费试吃的陷阱

1分钟案件回顾：

暖暖和同学去购买开学需要的文具，她们路过一家甜品店时，一名服务员端着几款精致的小甜点走过来，说新店开业，大家可以免费品尝。

暖暖本来就爱吃甜品，便拿了一小块品尝。随后，服务员说道："小妹妹，你觉得味道怎样？是不是很喜欢？"

暖暖表示甜品的味道还不错，就是量有点儿小了。

服务员："小妹妹，你可以加入我们店的微信群，每周我们都会举行一次试吃活动，群里会有通知的。你

免费的，
欢迎品尝。

也可以上点评网给我们点个五星好评，这样就可以现场领取一份优惠券。"

暖暖不愿意加入不熟悉的微信群，便拒绝了。但是服务员不依不饶，一直要求暖暖下载点评 App，说自己的任务要是完不成，就要被扣工资。暖暖一时心软，便按照其要求下载了 App 并给予评价：味

道不错，但甜点太小巧了。

看了评论，服务员很不满意："这个评论很不好，你可以删除重新发吗？内容是：味道非常不错，值得推荐。"

暖暖心想：为什么要这样做？难道我不能发表真实评价吗？

法律知识备忘录：

其实，这是商家利用试吃来"刷好评"的行为。

无论是免费品尝还是正常消费，消费者在享受服务后都有评价和不评价的权利，也有给好评或差评的权利。所以，商家不能强硬要求暖暖按照他们的意愿给予好评。

《中华人民共和国反不正当竞争法》第八条：**经营者不得对其商品的性能、功能、质量、销售状况、用户评价、曾获荣誉等作虚假或者引人误解的商业宣传，欺骗、误导消费者。**

经营者不得通过组织虚假交易等方式，帮助其他经营者进行虚假或者引人误解的商业宣传。从案例中可以看出，商家利用线下给优惠券的方式，让消费者在线上给出好评，已经构成虚假宣传和扰乱正常的竞争秩序。

因此，暖暖可以直接拒绝其要求。如果商家还是纠缠不止，暖暖就要向监督检查部门投诉，维护自己和其他消费者的合法权益。

小法官提问：

暖暖在某点评网给了该商家差评，结果多次接到该商家的骚扰电话，她该如何维权呢？

我试穿了这件衣服，就必须买吗

1分钟案件回顾：

周末，高一学生妮妮和同学可可到商业街买衣服，在一家服装店看中一件款式不错的 T 恤，要求服务员拿下来试穿。

妮妮试穿之后，发现 T 恤挂着时挺好看的，但是上身之后并不那么好看。妮妮就询问可可的意见："你觉得我穿这件 T 恤怎么样？"

可可委婉地说："好像不太适合你。"

妮妮便对服务员说："抱歉，我觉得这件 T 恤不太适合，我想再看看。"

服务员冷着脸说："你不买，为什么要试穿？在我们店里，如果你不买的话是不让试穿的。"

妮妮："我刚才试穿的时候，你并没有这样说呀！还有，难道我试穿了，就必须买吗？"

服务员："这件 T 恤是浅颜色，而且现在是夏天，你试穿时已经沾染了汗渍，我卖给谁去？"

收银员也过来了，两人轮番"劝说"妮妮买下这件 T 恤，还拦住

衣服试穿了，必须买！

她们的去路，大有"你们不买，就不要走"的架势。

妮妮和可可年纪小，被这架势吓坏了，连忙掏钱买下这件 T 恤，然后慌慌张张地离开了这家店。

法律知识备忘录：

显然，这家服装店存在强制交易的违法行为。

什么是强制交易？就是交易一方利用自己的优势地位，迫使对方与自己达成交易的行为。从法律角度来说，这种行为侵犯了消费者的合法权益。

《消费者权益保护法》第九条：**消费者享有自主选择商品或者服务的权利。**

消费者有权自主选择提供商品或者服务的经营者，自主选择商品品种或者服务方式，自主决定购买或者不购买任何一种商品、接受或者不接受任何一项服务。消费者在自主选择商品或者服务时，有权进行比较、鉴别和挑选。本案例中，虽然服务员没有使用暴力、威胁的方式强迫妮妮购买这件 T 恤，但是这种"劝说"和拦住去路的行为，已经侵犯了妮妮的自主选择权和公平交易权。

妮妮先买下衣服的选择是正确的，这样可以避免让自己陷入纠缠中。不过，她在事后应该找消费者协会寻求帮助，或者拨打 12315 热线举报。

小法官提问：

商家明确表示衣服昂贵，一旦试穿后没有质量问题就必须购买，这样是否构成强制交易？

刚买的智能手表就坏了

在小威十岁生日时,叔叔送给他一块儿童智能电话手表作为生日礼物,手表可以拍照、视频通话,还有定位功能。小威非常高兴,这下自己可以约好朋友到附近公园踢球了,妈妈不必为了安全问题每次都跟随着他。

周末,小威又和伙伴去公园踢球了。过了一个小时,妈妈查看手表定位,谁知,手表 App 里竟然没有找到小威的位置,她立即拨打了小威的电话。

手表怎么不显示定位了?是质量问题吗?

小威接了电话,说自己正在踢球,还叫来好朋友一起做证。

妈妈询问:"你的定位功能是不是关闭了,为什么我找不到你的位置?"

小威回家后,妈妈经过检查,发现手表的定位功能并没有关闭,其他功能也没有异常。妈妈以为是手表电量低导致不能显示定位,也就没在意了。

第二天,小威发现手表的视频

通话功能出现了问题。妈妈知道后，就准备找商家退货，可小威不同意："这是叔叔送给我的生日礼物，我不要退掉。"

妈妈劝说："这款电话手表明显存在质量问题，我们可以退掉，然后再买新的。"

小威还是犹豫不决："可是我很喜欢这个款式……手表只是偶尔出现问题，平时还是挺好用的。"

法律知识备忘录：

产品出现了质量问题，我们就要及时与商家联系，要求其给予退换、维修。

关于退换货这一点，《消费者权益保护法》第二十四条：**经营者提供的商品或者服务不符合质量要求的，消费者可以依照国家规定、当事人约定退货，或者要求经营者履行更换、修理等义务。没有国家规定和当事人约定的，消费者可以自收到商品之日起七日内退货；七日后符合法定解除合同条件的，消费者可以及时退货，不符合法定解除合同条件的，可以要求经营者履行更换、修理等义务。（后略）**这说明，小威妈妈的建议是在保护自己的合法权益。重要的是，电话手表的主要功能就是定位，如果定位不准确或者不能定位，一旦孩子遭遇危险，那么家长就后悔莫及了。

所以，小威应该接受妈妈的建议。如果商家拒绝退换货，那就要向有关部门投诉。

小法官提问：

如果小威只是不喜欢电话手表的款式，可以要求商家退货吗？

网购付款却没有收到货

　　默默遇到一件烦心事：哥哥为了奖励他考上重点高中，答应给他买一台新电脑。默默在某电商平台经过对比，看中了某品牌的一款笔记本，于是他立即下单，还使用了电商送的优惠券——价格要比其他电商平台低了近1000元。

　　结果，等了一个星期，默默也没有收到电脑，查询物流信息后，他发现卖家还没有发货。默默立即联系了客服，客服表示，由于公司运营人员把商品的价格标错了，发货会造成商家很大的损失，希望默默能申请退款再重新下单。

标错价格，不是商家拒绝发货的理由。付款已经成功，我要发货！

　　默默不明白，明明是店家的错，为什么让自己申请退款呢？要是自己重新下单的话，之前的优惠政策都没有了。

　　默默："我不同意退款，希望你能尽快发货。"

　　店家客服："实在抱歉，因为标错了价格，该产品已无法正常交易，请您申请退款。"

默默多次要求店家发货，但是店家一直不发货，后来还把商品下架了。无奈，默默只能向平台投诉。平台表示会和商家进行协商，但是商家已经下架了该商品，可能无法正常发货。

就这样，默默不愿意退款，店家也不发货，事情僵持了很长一段时间。

法律知识备忘录：

标错价格，是店家自身原因造成的，理应由其自行承担错误带来的后果。

《中华人民共和国电子商务法》第四十九条：**电子商务经营者发布的商品或者服务信息符合要约条件的，用户选择该商品或者服务并提交订单成功，合同成立。当事人另有约定的，从其约定。**

电子商务经营者不得以格式条款等方式约定消费者支付价款后合同不成立；格式条款等含有该内容的，其内容无效。案例中，默默付款后订单已经生成，双方之间的购物合同便成立了。所以，店家不按时发货而且还下架商品是违法行为，需要承担违约责任。

此时，默默可以向电商平台和消费者协会投诉，或者对店家提起诉讼，要求其按照订单约定尽快发货，同时要求店家对自己进行合理的拖延补偿。

小法官提问：

店家发现商品标错价格（价值1万元的笔记本标成1000元），向平台报备后且愿意赔付默默的损失，店家可以取消订单吗？

被诱导的消费

十六岁少年大发准备在周末与伙伴们庆祝自己的生日，父母也开明大方地给了他 1000 元作为聚会费用，但明确禁止喝酒。

一行人在火锅店吃饱喝足后，大发表示请大家去 KTV 唱歌。这个提议得到大家的响应，于是，大家来到附近一家 KTV，定了一间能容纳五六个人的小包间。

很少来 KTV 的伙伴们都非常兴奋，争相点歌，看谁能成为当晚的"麦霸"。其间，服务员多次送进饮料、零食和果盘。等到结账时，大发傻眼了——消费金额高达 1000 元。

大发："我们这是小包间，你们告诉我一个半小时左右的花销也就三四百元，是不是账单弄错了？"

服务员："没错，包房费用为 400 元，饮料、果盘等费用为 600 元。"

大发："我记得之前询问过你，你给了肯定的答复，说吃喝都包含在包间费里。"

服务员："小包房只赠送 2 瓶饮料、1 袋零食和 1 个小果盘，之后送来的则是收费的。"

看着账单，大发发现这里的消费非常贵，一瓶饮料几十元，一个果盘也接近 200 元，小零食则是十几元一袋。最后，大发几个人东拼西凑再加上向同学借钱，这才勉强结账走人。

法律知识备忘录：

这家 KTV 的行为，是不是诱导消费呢？

答案是肯定的。KTV 服务员表示包间费包括饮料、果盘等食品，但实际上只有小部分是赠送的，大部分是收费的，有故意引起大发等人误解的嫌疑。这种有意的误导行为，已经侵犯了消费者的知情权和公平交易权。

《消费者权益保护法》第二十条：**经营者向消费者提供有关商品或者服务的质量、性能、用途、有效期限等信息，应当真实、全面，不得作虚假或者引人误解的宣传。经营者对消费者就其提供的商品或者服务的质量和使用方法等问题提出的询问，应当作出真实、明确的答复。经营者提供商品或者服务应当明码标价。**本案例中，服务员未提供真实、全面的商品信息，对消费者的提问也没有作真实、明确的答复，侵害了大发等人的合法权益。同时，大发为限制民事行为能力人，进行大额消费时需要父母（法定代理人）的同意、追认，否则父母有权要求 KTV 退款。

所以，大发应该立即将情况告知家长，通过投诉或报警的方式维护自己的合法权益。

小法官提问：

同学们想想看，KTV 允许未成年人进入消费，是否合法？

我偷偷买了新手机

1分钟案件回顾：

寒假期间，为了孩子能完成老师布置的线上作业，妈妈把旧手机借给儿子黄铮使用。可是，初中生黄铮却迷上了游戏，不仅作业没有完成，有时半夜还偷偷藏在被窝里玩。

不料，前天晚上11点左右，妈妈突然来到黄铮的房间查看阳台窗户是否关上，发现了他偷偷玩游戏这件事。于是，他就和手机彻底说"再见"了。

这下，已经染上游戏瘾的黄铮，可以说是坐立不安。他想了好几天，最后他打起了压岁钱的主意，偷偷拿着2000元来到了手机店。

开始，店员见黄铮是小孩，劝他不要私自买这么贵重的物品，在听他保证是父母同意他购买之后，就把手机卖给了他。

黄铮非常小心，生

没有家长的陪同下，你为什么把手机卖给小孩？我要求退货！

可是，手机已经被激活，不能退。

怕爸爸、妈妈发现自己的秘密。可是，刚过3天，妈妈就发现了新手机，直接带着他来到手机店。

黄铮妈妈："你们商家太不负责了，小孩子来买手机，你们不问清楚就卖给他吗？"

店员："他说家长是知情的，并且同意他购买。"

黄铮妈妈："孩子说什么就是什么吗？要是我们同意他购买，还会让他一个人前来吗？现在我告诉你，我们不同意，你把这手机退了吧！"

店员："手机已经激活，而且都使用了3天，不能退……"

黄铮妈妈见找商家理论无效，直接向消费者协会投诉，要求商家退还买手机的钱。

法律知识备忘录：

黄铮可以私自购买手机吗？商家应不应该将这笔钱退还给黄铮呢？

首先，我们来谈第一个问题。黄铮属于限制民事行为能力人，只能从事与其年龄、智力相适应的民事活动。简单来说，他可以买零食、文具、玩具（不能是价格昂贵的玩具），但是不可以购买贵重物品，比如手机、电脑等。

那么，这就涉及第二个问题了。《民法典》第十九条：**八周岁以上的未成年人为限制民事行为能力人，实施民事法律行为由其法定代理人代理或者经其法定代理人同意、追认；但是，可以独立实施纯获利益的民事法律行为或者与其年龄、智力相适应的民事法律行为。**这说明，黄铮购买手机的行为必须由家长（其法定代理人）陪同或者经家长同意、追认。否则，其行为是无效的。

所以，同学们，如果有人诱导你购买贵重物品，过后一定要告知家长，然后要求商家退款或者折价退款。

小法官提问：

想想看，如果七岁的弟弟在门口小超市买了20元的"奥特曼"卡片，你该怎么办？

第五篇　自护篇

校车超载了

1分钟案件回顾：

皮皮每天都坐校车上下学。周一早晨，他跟往常一样在路口等待校车的到来。

等皮皮上了校车却傻眼了。原来，校车已经满员没有空座位了，皮皮站在那里，不知道如何是好。

司机："你和第二排那个男生挤挤坐在一起就可以了。"

皮皮："司机叔叔，我还是等下一辆班车吧。"

司机："不用等了，那辆车坏了，今天只有这一班车。你要是不坐，就只能走着去上学了。"

无奈，皮皮只能和其他同学挤在一个座位上。接下来，司机仍不断让等候的学生上车，车里的人越来越多，几乎每个座位都挤了两三个人。到了最后一站，几个学生实在没有地方可以坐下了，这时

已经没座位了。

挤一挤就好了，你们可以两个人坐一个座位

候，司机让学生从座位下拿出马扎，让剩下的几个学生坐在马扎上。

就这样，原本只有 20 个座位的校车装了 30 多名学生，皮皮和同学们都被挤得苦不堪言。

接下来的一个星期，校车都在严重超载，对学生构成了严重的安全问题。皮皮心想：每天都要挤校车，我要不要告诉妈妈呢？

法律知识备忘录：

校车的安全，是事关孩子人身安全的一个大问题。可是，从事校车业务的车主为了利益，无视规定的承载人数而超载。这样的行为，不仅违反了道路交通运输管理法规，而且构成危险驾驶罪。

《刑法》第一百三十三条之一：**在道路上驾驶机动车，有下列情形之一的，处拘役，并处罚金：（一）追逐竞驶，情节恶劣的；（二）醉酒驾驶机动车的；（三）从事校车业务或者旅客运输，严重超过额定乘员载客，或者严重超过规定时速行驶的；（四）违反危险化学品安全管理规定运输危险化学品，危及公共安全的。（后略）**

因此，皮皮应该拒绝乘坐这辆校车，将真实情况报告给家长或老师，由家长或老师负责举报。

同学们，要记得拒绝乘坐超载校车，这样才能避免发生交通事故，大家的人身安全才能得到保障。

小法官提问：

因为坐校车的学生不断增多，从事校车业务的车主用私家面包车来接送学生，这是否违法了？

被丢弃的流浪猫抓伤了

1分钟案件回顾：

陈晓在小区公园内与小伙伴玩飞盘游戏，当他来到灌木丛边缘捡飞盘时，一只猫突然蹿了出来，还抓伤了他的胳膊。

陈晓看这只猫脏兮兮的，断定它是流浪猫。不过，一个小伙伴说这可能是隔壁李阿姨家养的猫，因为自己曾经看见她抱出来玩耍过。

这好像是李阿姨家的猫，我被抓伤了！

陈晓把这件事告诉了爸爸，爸爸立即带他去医院打了狂犬疫苗，然后找到李阿姨协商费用事宜。陈晓爸爸表示李阿姨只需支付疫苗费用，不需要其他赔偿，李阿姨却断然拒绝了。

李阿姨："孩子被猫抓伤了，我也很心疼，但这事和我没有任何关系。我已经不要这只猫了，现在它就是一只流浪猫，伤不伤人与我无关。"

陈晓爸爸："怎么没有关系呢？那只猫之前就是你养的，你应该负责任。"

李阿姨："你也说是我之前养的，在半个月前我就把它丢掉了。"

同学们，你们认为陈晓被这只猫抓伤应该由谁负责呢？

法律知识备忘录：

宠物伤人事件时有发生，那么，责任应该由谁来承担呢？

《民法典》第一千二百四十六条：**违反管理规定，未对动物采取安全措施造成他人损害的，动物饲养人或者管理人应当承担侵权责任；但是，能够证明损害是因被侵权人故意造成的，可以减轻责任。**

显然，这一法律条文对于饲养人的责任进行了明确规定，宠物造成他人损害，饲养人就应该承担侵权责任。

本案例中，李阿姨说："我已经不要这只猫了，现在它就是一只流浪猫，伤不伤人与我无关。"这种说法是错误的，《民法典》第一千二百四十九条：**遗弃、逃逸的动物在遗弃、逃逸期间造成他人损害的，由动物原饲养人或者管理人承担侵权责任。**所以，无论是李阿姨遗弃了猫，还是猫自己逃跑了，她都需要承担侵权责任。

小法官提问：

陈晓看小区里的流浪猫可怜，好心帮它们搭了一个窝，还每天给它们送食物和水。如果其中一只流浪猫抓伤了别人，那么，陈晓需要承担赔偿责任吗？

真假证书

高一学生李弘是个小发明家，一番钻研总能鼓捣出千奇百怪的小东西。上个月，李弘参加了全国中学生科技发明比赛，他发明了一台可以自动清扫桌面的小机器人，拿到了全国小发明家证书，还申请了发明专利。

李弘聪明又爱学习，时常受到老师的表扬，因此成为其他家长口中"别人家的孩子"。这让同学方伟十分嫉妒，平时处处跟李弘作对，还联合几个小伙伴孤立他、排挤他。方伟还逢人就说李弘的证书是假的，是他爸爸花钱买的。

很快，这个传言在学校里传开，李弘走到哪里都被人指指点点。

新学期开始了，李弘被选为优秀学生代表将在新生欢迎典礼上发言。一名竞争同学非常不服气，质问他："你的那个什么证书是你爸爸花钱买的，这次的发言机会，也是你爸爸走后门得到的吗？"

李弘："比赛是我亲自参加的，证书是我凭实力拿到的，这一次也不例外。"

竞争同学："如果你的证书是真的，怎么所有人都说是假的？这都是从你们班级里传出来的，难道还有假？"

李弘被问得哑口无言，呆呆地站在那里许久……

法律知识备忘录：

民事主体包括未成年人，其享有名誉权和荣誉权。

《民法典》第一千零三十一条：**民事主体享有荣誉权。任何组织或者个人不得非法剥夺他人的荣誉称号，不得诋毁、贬损他人的荣誉。**

获得的荣誉称号应当记载而没有记载的，民事主体可以请求记载；获得的荣誉称号记载错误的，民事主体可以请求更正。本案例中，方伟故意捏造并散布虚构事实（即李弘的发明证书是他爸爸花钱买的）已经构成诽谤，这种行为贬损了李弘的人格，破坏了其名誉权和荣誉权，他应当负法律责任。

李弘应该要求方伟停止侵权行为，并向他赔礼道歉；或者选择报告校方，要求校方法务部门追究其法律责任。

小法官提问：

有些同学不知道方伟宣扬李弘的信息是虚假的，然后向身边的其他同学也宣扬了。那么，同学们需要承担法律责任吗？

网恋并不美好

十三岁女孩悠悠在网络游戏上认识了一个比自己大好几岁的同城网友，她被对方的幽默语言所吸引，就谈起了甜蜜的网恋。没过多久，网友就约悠悠见面，说彼此加深了解一下。

周末，两人在一处环境不错的公园见面。看到对方高大帅气，悠悠更喜欢他了，并答应了真正交往的要求。接下来，两人一起吃饭、看电影，网友还买了几件悠悠喜欢的礼物。晚上8点多，悠悠被网友带到住处，被其诱导发生了性关系。事后，悠悠非常害怕，不过很快就被对方哄骗过去了。

没过几天，网友再次约悠悠见面，又是一番花言巧语要与她发生性关系。悠悠因为害怕一再拒绝，对方则采取半哄骗半强迫的方式，让悠悠与之发生了性关系。

悠悠与网友"恋爱"了3个多月，多次发生性关系。

后来，妈妈发现悠悠时常外出，学习成绩直线下降，并且时常偷偷一个人看手机，便展开了调查。

发现事实真相后，妈妈怒不可遏，当即选择了报警。结果，当被警察调查询问时，悠悠竟然说："我们是恋爱关系，他对我特别好，我是自愿和他发生关系的，你们不要为难他。"

法律知识备忘录：

虽然悠悠和网友是"正常恋爱"的关系，但是悠悠未满十四周岁，网友诱骗其与自己发生性关系的行为已经触犯了法律，要受到刑事处罚。

《刑法》第二百三十六条：**以暴力、胁迫或者其他手段强奸妇女的，处三年以上十年以下有期徒刑。奸淫不满十四周岁的幼女的，以强奸论，从重处罚。**（后略）案例中，网友明明知道悠悠不满十四周岁仍与其发生性关系，无论悠悠是自愿还是不自愿，都以强奸定罪来处罚。

从某一方面来说，有些女孩不知道自己被侵害了，甚至在侵害后不知道如何保护自己，也不敢反抗。这就需要我们从小就要学法、懂法，提高自我保护意识，远离危险与伤害。

小法官提问：

年满十四周岁的未成年少年，与不满十四周岁的女孩发生性关系，是否已经构成犯罪？

乐于助人反被讹

清晨，李青和张洋一起去上学，在路口等红灯时听到后方传来自行车摔倒的声音，随之还有老爷爷的闷哼声。

两人回过头，发现一位老爷爷摔倒在路边，自行车还压在他的身上。李青立即招呼张洋把自行车挪走，然后来到老爷爷身边，询问他身体哪里不适。

老爷爷表示自己没什么事，就是一时起不来。于是，张洋和李青小心地把老爷爷扶起来，随后，两人便准备去上学。

令他们没想到的是，老爷爷竟然揪住李青的衣服，说："你们不要走，把我撞倒了，难道还想逃跑？"

李青十分惊讶："老爷爷，我们好心把你扶起来，你怎么还冤枉我们撞了你呢？"

不管李青和张洋怎么解释，老爷爷都坚称是他们撞倒了自己，还要求他们把自己送到医院并赔偿医药费。看着有几个路人来围观，老爷爷大声说："现在这些孩子怎么这样坏，撞了我还想着逃跑，这家长是怎么教育的？"

李青和张洋真是百口难辩，只能不停地说："不是我们撞的，我们只是做好事……"

法律知识备忘录：

亲爱的孩子们，如果你是李青或张洋，接下来会怎么办呢？

没错，拨打110报警电话。

老爷爷是自己摔倒的，李青和张洋扶起老爷爷的行为属于助人为乐，当对方冤枉他们撞倒自己且要求赔偿医疗费，则构成敲诈。

关于敲诈的治安处罚，《治安管理处罚法》第四十九条：**盗窃、诈骗、哄抢、抢夺、敲诈勒索或者故意损毁公私财物的，处五日以上十日以下拘留，可以并处五百元以下罚款；情节较重的，处十日以上十五日以下拘留，可以并处一千元以下罚款。** 所以，老爷爷如果坚持诬陷李青和张洋撞倒自己且索要医药费，将面临治安处罚。

李青和张洋应该立即报警，同时寻找目击整件事的路人；再要求警方查看监控，证明自己是救助者而不是肇事者。这样就可以维护自己的合法权益，同时让侵害者受到应有的惩罚。

小法官提问：

李青和张洋因扶起老爷爷导致其胳膊骨折（二次伤害），那么，老爷爷可以要求赔偿吗？

不，你不能碰我

从小学二年级开始，每逢周末，男生魏来就在一家培训机构吃午饭、睡午觉，下午则让老师辅导作业。可是最近几周，魏来对妈妈说自己不想在这家机构学习了，还说不喜欢新来的男老师。

妈妈问魏来为什么不喜欢新老师，魏来只是低着头，一句话都不愿多说。妈妈以为孩子和同伴闹别扭了，还劝说魏来要听老师的话，不能太调皮，不要和同伴打架。

没过两天，魏来再次提出要求，说什么也不愿意去培训机构了，最后还小声地哭起来。妈妈察觉到异样，便耐心地询问孩子发生了什么事情。

魏来哽咽着道出实情。原来，新老师多次把他叫到办公室，说给他辅导作业，却让他脱掉裤子，还摸他的隐私部位；有时还把他带到卫生间，让他摸老师的下体。事后，老师威胁他不能告诉任何人，否则他将被惩罚得更严重。

魏来哭着问："妈妈，我该怎么办？"

妈妈立即带孩子到医院检查身体，并且报了警。

法律知识备忘录：

孩子们，你是否有过被性侵的经历？

《未成年人保护法》第五十四条：**禁止拐卖、绑架、虐待、非法收养未成年人，禁止对未成年人实施性侵害、性骚扰。禁止胁迫、引诱、教唆未成年人参加黑社会性质组织或者从事违法犯罪活动。禁止胁迫、诱骗、利用未成年人乞讨。**请记住，如果有人对你做了本案例中描述的或者更严重的行为，无论是异性还是同性，无论是熟人还是陌生人，都要大胆地说："不，你不能碰我！"此时，你还要留个心眼不能激怒侵犯者，可以找机会快速地跑开，寻求他人的帮助并报警。

《民法典》第一千零一十条：**违背他人意愿，以言语、文字、图像、肢体行为等方式对他人实施性骚扰的，受害人有权依法请求行为人承担民事责任。**

机关、企业、学校等单位应当采取合理的预防、受理投诉、调查处置等措施，防止和制止利用职权、从属关系等实施性骚扰。发生这种情况后，事后你一定要告知家长，并去医院检查身体；然后用法律来保护自己，同时让侵害者受到法律的制裁。

小法官提问：

你在网络上认识了一个成年人，聊天过程中，对方让你发送裸露照片，或者通过视频向其裸露身体，你该怎么办？

我成了"网络红人"

1分钟案件回顾：

　　蓉蓉从小学习拉丁舞，随着她的舞技越来越精湛，便开始参加各种专业性的比赛活动。上个月，蓉蓉再次参加市电视台举行的中小学生拉丁舞大赛，取得了第三名的好成绩。

　　妈妈非常高兴，把现场录制的精彩片段发到朋友圈，表达自己的喜悦和骄傲。可是几天后，妈妈的同事找到她，给她看了几段视频——蓉蓉的比赛视频在某平台上播放，但经过了恶意剪辑，显得孩子的衣着比较暴露，动作也比较性感。

　　更令妈妈气愤的是，视频发布者的文案存在恶意，说现在的女孩子缺少纯真，小小年纪就穿着这么暴露、跳这样性感劲爆的舞蹈。仅仅几天时间，该视频浏览量达到3万多次，评论多是负面的，指责蓉蓉，也指责蓉蓉的父母。

　　有人明显认识蓉蓉，还把孩子的隐私信息发了出来，虽然没有指名道姓，但是泄露了学校、班级等信息。

妈妈立即收集相关证据，然后选择了报警，同时向视频发布者、视频平台及泄露孩子隐私信息的网友提起诉讼。

法律知识备忘录：

《民法典》第九百九十条：**人格权是民事主体享有的生命权、身体权、健康权、姓名权、名称权、肖像权、名誉权、荣誉权、隐私权等权利。**

除前款规定的人格权外，自然人享有基于人身自由、人格尊严产生的其他人格权益。案例中，蓉蓉的舞蹈比赛视频被妈妈发布在朋友圈，而有人盗取了该视频进行恶意剪辑并发布，这严重侵害了蓉蓉的隐私权和名誉权。

同时，作为信息处理者，需要遵守《民法典》第一千一百九十七条：**网络服务提供者知道或者应当知道网络用户利用其网络服务侵害他人民事权益，未采取必要措施的，与该网络用户承担连带责任。**

正是因为视频播放平台的监管不力，才导致蓉蓉的合法权益受到侵害。所以，蓉蓉妈妈的做法是合理的，要求视频发布者、视频播放平台及泄露孩子隐私信息者停止侵权，同时道歉并赔偿。

小法官提问：

未成年人拍摄了隐私视频，却因为手机或电脑丢失导致该视频被人传播到网络上，该如何维护自己的合法权益？

校外的"保护费"

1分钟案件回顾：

这个周五的放学时间，初二新生冬冬完成值日后正准备骑自行车回家，被一个高个子学生叫住。

高个子学生："你带钱了吗？借来花花。"

冬冬愣了一下，说："我不认识你，为什么要借钱给你？"

高个子学生："看看校服，我们是一个学校的，我是初三的，是你的学长。"

冬冬："可是……这也不是借钱的理由。"

高个子学生："不借钱也可以，不过，你得交保护费。有我保护你，就没人欺负你了。你要是不交，我可不敢保证你哪天就被别人揍了哦！"

冬冬顿时明白了，眼前的人是一个"问题学生"，说不定还是"校霸"。这些人不敢在学校内胡作非为，但时常在校门口、上学路上欺负低年级学生。他只好把兜里的 20 元零花钱掏了出

我今天没带钱。

下次再不带保护费，我就揍你！

来，递给高个子学生。

之后，高个子学生隔三岔五就向冬冬收取"保护费"，从5元、10元到20元、50元不等。要是哪天冬冬给的钱少了，该学生还训斥冬冬，让他向父母多要一些钱；要是哪天冬冬身上没有带钱，该学生直接就拳打脚踢。

冬冬不敢告诉老师和父母，更不敢反抗，只能默默地忍受着。

法律知识备忘录：

在这里，我要对冬冬同学说：亲爱的孩子，你的自我保护意识太弱了，而且缺乏法律意识。

《刑法》第二百七十四条：**敲诈勒索公私财物，数额较大或者多次敲诈勒索的，处三年以下有期徒刑、拘役或者管制，并处或者单处罚金；数额巨大或者有其他严重情节的，处三年以上十年以下有期徒刑，并处罚金；数额特别巨大或者有其他特别严重情节的，处十年以上有期徒刑，并处罚金。**要知道，高个子学生收取"保护费"的行为属于敲诈勒索，已经构成犯罪。虽然他还未成年，但仍应当负民事责任，还可能被管教。

大家要增强自我保护意识，遇到恐吓、勒索之后不能一味地顺从，要勇于告诉家长和老师，或者打110报警电话。这样做，我们才能在第一时间避免非法侵害，保护自己的合法权益和人身安全。

小法官提问：

如果有同学总是找你借钱，但对方一直不还，你应该怎么办？

见义勇为惹的"祸"

1分钟案件回顾:

　　周末的傍晚,轩轩到室外体育场打篮球,刚走进体育场便听到一阵阵哀号声。只见一个角落里,几个年轻人正对着蜷缩在地的人拳打脚踢。

　　轩轩仔细一看,被打的人是同班同学小睿,他当即大喊:"你们为什么要打人?快住手!"

　　其中一人回过头,恶狠狠地说:"赶紧走开,不要多管闲事!"

　　轩轩看对方没有停手的意思,他立即跑过去用力推开那几个年轻人,想要拉起小睿。结果,那几个年轻人开始朝着他打过来,很快他

也被打倒在地。慌乱之中,他在地上摸索起一个东西就砸了过去。

　　轩轩砸过去的东西是一块禁烟警示牌,可能是那几个年轻人与小睿争执中碰掉的。警示牌砸中其中一人的头,造成对方头部出现一道长长的伤口,被送至医院治疗。随后,对方报了警,并且要求轩轩家

长支付医药费，以及后续的营养费、赔偿费 4000 多元。

轩轩不明白：打人的是他们，自己是见义勇为，为什么还要赔偿坏人的医药费？

法律知识备忘录：

首先，我们需要明确两个问题：轩轩的行为属于见义勇为吗？在轩轩实施见义勇为的过程中，他被人殴打而奋起反抗，属于正当防卫吗？

见义勇为，从法律上来说，就是个人不顾自身安全与违法犯罪行为作斗争。由此可见，轩轩是为了保护小睿的人身安全，没有打架斗殴的主观意愿，其行为是见义勇为。

那么，轩轩打伤对方需要承担责任吗？

《民法典》第一百八十一条：**因正当防卫造成损害的，不承担民事责任。正当防卫超过必要的限度，造成不应有的损害的，正当防卫人应当承担适当的民事责任。**这说明，虽然轩轩用警示牌砸伤了他人，但这是为了实施救助行为，且自身也处于危难之中，属于正当防卫，不承担民事责任。同时，警方会对那几个打人的年轻人追责。

不过，同学们需要注意了，虽然我们鼓励对处于危难和困境中的他人予以救助，但也要增强法律意识，通过正确、安全、合法的方式来见义勇为。

小法官提问：

轩轩在小偷经过自己身边时特意踹了他一脚，导致小偷摔断了腿，需要承担赔偿责任吗？

校园网贷的陷阱

高三女生小艺非常羡慕有些同学用着苹果手机，就想着自己也能拥有一部，但是父母并不同意给她买，说等她考入了大学时再买。

在虚荣心作祟之下，小艺想到了校园贷，于是通过某 QQ 群内的广告联系上了学生贷款的负责人。很快，小艺就拿到了 8000 元贷款，并在借条上签了名、按了手印——借条上写明，本金 8000 元，上门费、中介费等服务费用 5000 元，本金和利息都必须在 3 个月内还清。

小艺虽然觉得服务费用有些高，但她心想，这几个月自己省着点儿开销，再多跟父母要些零用钱，肯定能及时还上贷款的。

让小艺没想到的是，利息却是利滚利，3 个月下来累计起来竟高达 2 万元。小艺东拼西凑也没能还清贷款，只能央求负责人再宽限自己 2 个月。

负责人答应了，但是要求小艺拍几张照片——拿着身份证，全裸，而且露脸。为了打消小艺的疑虑，对方承诺照片不会外传，不会告知学校和家长。随即，对方突然变了脸，威胁小艺要是不拍照，就把她贷款的事告知学校，如此一来，她就会被学校开除，前途就毁掉了。

小艺被吓住了，担心自己贷款的事情被父母知晓，也担心自己被学校开除，于是让对方拍了一张裸照。

法律知识备忘录：

其实，小艺所借的校园贷就是一种"高利贷"，借贷人利用非法手段收取高额利息、费用。

当小艺还不上贷款时，借贷人就诱导、逼迫小艺拍裸照，之后还会用裸照来威胁其偿还高额利息。这侵犯了小艺的隐私权，也构成了敲诈勒索罪。

《刑法》第二百九十三条之一：**有下列情形之一，催收高利放贷等产生的非法债务，情节严重的，处三年以下有期徒刑、拘役或者管制，并处或者单处罚金：（一）使用暴力、胁迫方法的；（二）限制他人人身自由或者侵入他人住宅的；（三）恐吓、跟踪、骚扰他人的。** 作为受害者，小艺应当及时通知父母和报警，并要回裸照和多于本金的费用和利息。当然，小艺最应该做的是提高自身的法律意识和安全意识，远离非法校园贷、网贷，保护好个人隐私和人身安全。

同学们，大家要树立正确的价值观、消费观，不虚荣、不攀比。这样一来，那些不法分子才不会有机可乘伤害你。

小法官提问：

作为未成年人的小艺，可以在网贷平台上借款吗？

千万不要碰毒品

高中生小海在一次篮球比赛中认识了两个外校的高三学生，只不过那两个学生无心学习，经常和一些辍学少年密切来往。

一个周末，两个外校生约小海打球，事后还邀请他参加其中一人的生日会。小海不好意思拒绝，便跟随两人来到提前预订的酒吧。随后，大家一起唱歌、喝酒、划拳，虽然小海没有喝酒，但是也非常兴奋。

这时，一个少年拿出一小罐气体，与其他人肆无忌惮地吸了起来。接着，少年怂恿小海："这个好东西叫'笑气'，你试试，它会让你感觉到万分刺激。"

一个外校生接着说："其实，这跟吸烟的感觉差不多。吸了它，我感觉非常开心，所有的烦恼都没有了。"

听了这些人的描述，小海的心也开始蠢蠢欲动，最后没能抑制住好奇心吸食了"笑

气"。果然，吸了之后，他感觉全身麻麻的，然后自己越来越兴奋。

后来，小海时常和这些人聚会，也经常吸食"笑气"，慢慢地吸食成瘾，精神越来越低迷，身体越来越消瘦……

法律知识备忘录：

一氧化二氮是一种无色有甜味的气体，又称"笑气"，一般用于外科手术的麻醉和镇痛。但吸食"笑气"后会让人产生兴奋的感觉，被一些不良青少年当作"软性毒品"，其危害性非常大。虽然目前我国法律并没有将"笑气"纳入毒品行列，但是它属于违禁品。

《中华人民共和国禁毒法》第五十九条：**有下列行为之一，构成犯罪的，依法追究刑事责任；尚不构成犯罪的，依法给予治安管理处罚：（一）走私、贩卖、运输、制造毒品的；（二）非法持有毒品的；（三）非法种植毒品原植物的；（四）非法买卖、运输、携带、持有未经灭活的毒品原植物种子或者幼苗的；（五）非法传授麻醉药品、精神药品或者易制毒化学品制造方法的；（六）强迫、引诱、教唆、欺骗他人吸食、注射毒品的；（七）向他人提供毒品的。**

小海因为好奇心，抵制不住诱惑吸食了"笑气"，导致身心健康受到损害，将被要求进行社区戒毒。同时，那几个吸食"笑气"并把小海拉下水的不良少年，也会面临行政处罚。

同学们要提高警惕，拒绝吸毒并远离那些诱惑自己吸毒的朋友，事后一定要告知家长并报警处理。

小法官提问：

小海吸毒成瘾，购买毒品并长期吸食，是否构成犯罪？

抵不住的诱惑

1分钟案件回顾：

六一儿童节当天，所有班级表演完节目就宣布放假了，同学们都高兴地蹦起来。可是，五年级学生童童却不怎么高兴，因为父母都在上班，没时间陪他到游乐场玩。更郁闷的是，他去找好朋友小雨玩，小雨却说要和父母去奶奶家。

童童垂头丧气地往公交车站走去，路过游戏厅时，老板热情地招呼："来玩玩吧，今天小朋友过节日，打五折！"

打游戏机太刺激了！我还要再换20个游戏币！

童童想玩又有些犹豫，因为老师和家长多次嘱咐学生不能去网吧和游戏厅。

见此，游戏厅老板压低声音说："没事，大人不会知道的。你先进来看看，好多小朋友都在这里玩，游戏机可比手机游戏有趣、刺激多了……"

经不住诱惑的童童进了游戏厅，确实看到有几个与自己同龄的孩子正在兴致勃勃地玩着，其中有两人好像是隔壁班的同学。

童童被游戏机吸引了，换了 20 元游戏币就兴致勃勃地玩了起来。因为操作不太熟练，童童兑换的游戏币很快就用完了，"不服输"的他又换了 20 元……就这样，直到妈妈给的零用钱都花光了，他才恋恋不舍地离开。

接下来的一段时间，童童对游戏着了迷，时常偷偷去玩，浪费了大把时间和金钱，学习成绩也是一落千丈。

法律知识备忘录：

未成年人的心智还不成熟，对于很多事情没有辨别能力，不知道是好是坏。那么，对于未成年人进入游戏厅，法律有什么规定呢？

《未成年人保护法》第五十八条：**学校、幼儿园周边不得设置营业性娱乐场所、酒吧、互联网上网服务营业场所等不适宜未成年人活动的场所。**

营业性歌舞娱乐场所、酒吧、互联网上网服务营业场所等不适宜未成年人活动场所的经营者，不得允许未成年人进入；游艺娱乐场所设置的电子游戏设备，除国家法定节假日外，不得向未成年人提供。经营者应当在显著位置设置未成年人禁入、限入标志；对难以判明是否是未成年人的，应当要求其出示身份证件。案例中，这家游戏厅的老板不仅允许未成年人进入，还怂恿童童进入其场所玩游戏，这种行为将受到行政处罚。

同学们应该提高警惕性和自制力，远离游戏的诱惑。如果游戏厅老板或工作人员引诱、怂恿你玩游戏，要立即告知家长或者向有关部门举报。

小法官提问：

有同学表示可以借给童童游戏账号，但是需要 1 小时 10 元钱的费用，这种行为违法吗？

第六篇 维权篇

不小心打赏了"网红"

二年级学生小泽时常拿着爸爸给的旧手机玩游戏，后来他被一个直播游戏闯关的网红主播所吸引，便时常偷偷地在自己的房间里观看直播。

观看直播过程中，一些粉丝会给主播送礼物、打赏。小泽并不知道打赏、送礼物是需要花钱的，只是觉得好奇，便跟着其他人也去做

大家给主播送这么多礼物，我也送个小汽车吧。真好玩！

了。有时，小泽会给网红主播送小汽车，一天晚上就送出了好几辆。

爸爸的这部旧手机绑定了一张银行卡，且那张银行卡不常用，因此并没有发现小泽的打赏行为。直到有朋友来借钱，爸爸转钱时发现余额不足，查询之后才发现多条交易记录。此时，小泽打赏网红的金额已经达到 2 万元。

被爸爸质问时，小泽还一脸蒙圈，表示自己并没有

乱花钱。

爸爸认为，孩子的年龄还小，不能清晰认识到自己所做行为的后果，所以向平台提出申请，要求该网红主播退还孩子打赏的 2 万元。

在这种情况下，这些钱能要回来吗？

法律知识备忘录：

打赏网红主播是一种自愿赠与行为，一般来说，打赏给主播的钱是要不回来的。但是，可以用打赏人是未成年人还是成年人来定义他们的打赏行为是否合法。

《民法典》第二十条：**不满八周岁的未成年人为无民事行为能力人，由其法定代理人代理实施民事法律行为。**本案例中，当事人小泽属于无民事行为能力人，打赏主播只是出于好奇心，不知道这是需要花钱的，且打赏金额明显超出其认知限度和可以处置的财产范围。同时，家长对于该情况是不知情且不追认的，所以该赠与行为无效，家长可以要求该网红返还孩子的打赏款项。

同学们要好好学习，远离网络直播和游戏，树立正确的消费观和价值观。

小法官提问：

未成年人打赏网红主播，在什么情况下，家长也应当承担一部分责任？

我家的水龙头坏了

斌斌在家里上网课，课间休息时，一时兴起在卫生间玩起了水枪，一不小心掰坏了水龙头。水柱喷涌而出，卫生间的地面很快就积满了水。

斌斌吓坏了，立即给上班的妈妈打电话，同时按照妈妈的话通知了物业。随后，物业工作人员关掉了自来水阀门，更换了水龙头。

等妈妈下班回到家，用了好长时间才把卫生间打扫干净，嘱咐斌斌以后不要再玩水了。

不过，当天晚上楼下邻居就找上门，说下班后发现自己家卫生间的吊顶已经被水浸泡损坏，客厅内的地板也大面积被水浸泡，后期可能面临着起鼓、开裂。楼下邻居与斌斌妈妈协商，希望他们家能支付维修费用3500元，或者由他们家找人负责维修。

斌斌妈妈承认孩子有一定的责任，但是并非故意的，只愿意赔偿1000 元。经过多次协商，斌斌妈妈都不愿支付 3500 元的维修费用，后来甚至表示一分钱都不会赔偿。

一气之下，楼下邻居将斌斌妈妈告上了法庭。

法律知识备忘录：

关于不动产侵权纠纷，《民法典》第二百九十六条：**不动产权利人因用水、排水、通行、铺设管线等利用相邻不动产的，应当尽量避免对相邻的不动产权利人造成损害。**这说明，不动产的相邻各方应当谨慎、妥善、合理使用和管理所有的物业及附属设施，如果侵害了邻居的合法权益，造成了邻居财产损失，应当给予赔偿。

斌斌弄坏了水龙头，导致楼下邻居家的卫生间、客厅被淹，吊顶和地板都有一定程度的损坏。所以，作为监护人的斌斌妈妈应该因其侵权行为对他人财产的损害予以赔偿。

当然，赔偿金额不是斌斌妈妈说了算的，也不是楼下邻居想要多少就是多少的，需要结合邻居家的装修年限、装修材料及房屋实际受损情况来确定。

小法官提问：

如果是自来水公用管道爆裂，造成住户不同程度的损害，那么责任又应该由谁来承担呢？

打了暑假工，却没有拿到钱

1分钟案件回顾：

李刚今年十六岁了，母亲常年因病不能劳动，父亲是个非常忙碌的外卖员。李刚非常懂事，时常帮助父亲照顾生病的母亲。

暑假期间，为了减轻家庭负担，李刚去了一家游泳馆打暑假工。他的工作很简单，打扫池边及周围区域的卫生，提示馆内人员严禁吸烟、进食、跳水、嬉笑打闹等不安全行为；保证馆内人员安全，看到有人溺水，立即进行报告和救助。

李刚的工作时间为早上8点30分到下午5点30分，中午有1小时的休息时间；薪资为每小时30元，工作时长满一个月后结算。

李刚对待工作非常认真负责，从不迟到和早退，把游泳馆打扫得干干净净，同时一直保持着高度警惕，随时做好应急准备。

一个月后，李刚结束了暑假工，开始把心思放在学习上。等他向老板要工资时，老板却说等两天，给出的理由是财务到月初才进行对账和结账的工作。过了几天，他再去要工资时，老板依旧说等几天。

就这样，老板一直拖欠着李刚的工资。那么，李刚如何才能要回自己的工资呢？

法律知识备忘录：

虽然李刚打的是暑假工，但是也与用人单位形成了劳动合同关系，受到劳动法的保护。作为未成年工，保护依据为《中华人民共和国劳动法》（以下简称《劳动法》）第五十八条：**国家对女职工和未成年工实行特殊劳动保护。未成年工是指年满十六周岁未满十八周岁的劳动者。**

游泳馆老板多次找借口，不按照当初约定的工资待遇给李刚支付，明显侵害了其合法权益。《劳动法》第九十五条：**用人单位违反本法对女职工和未成年工的保护规定，侵害其合法权益的，由劳动行政部门责令改正，处以罚款；对女职工或者未成年工造成损害的，应当承担赔偿责任。**所以，李刚可以带上学生证、用工单位的工作证、考勤记录等证据，到劳动监察部门投诉。

小法官提问：

多久不发工资，才算是拖欠工资？

隔壁在装修

大家都说"一天之计在于晨"。辉辉一直有早上背单词、读课文的习惯，利用好早上这30分钟，可以让自己的学习基础更扎实。

这个周一早上6点30分，辉辉如往常一样开始背单词，可没过几分钟，隔壁就传来"突突突"的电钻声，持续响了20多分钟。辉辉一个单词都没有记住，脑袋还被这声音闹得嗡嗡响。

装修噪音！

很快，爸爸、妈妈也被声音吵醒了。爸爸去邻居家查看，发现有工人正在钻墙面，说房主要重新装修。工人表示会注意时间，但显然是敷衍的言辞，因为当天晚上8点多了还有响声不断传来。第二天早上不到7点，工人又开始施工了，一直到晚上8点半也没有停止。

辉辉被噪声弄得烦躁不已，为此，爸爸多次去隔壁要求工人注意施工时间。工人却说房主赶工期，要求加班加点干活，自己也没有办法。爸爸又找到邻居房主，房主却蛮不讲理地表示自己的房子想什么时间施工就什么时间施工，还把他的电话拉黑了。

邻居房主的说法合理吗？辉辉一家应该如何处理这件事？

法律知识备忘录：

邻居房主的说法不合理，其装修产生的噪声已经涉嫌扰民，侵害了邻居的合法权益。

虽然房子是邻居房主自己的，装修也由他说了算，但装修时应当遵守《中华人民共和国噪声污染防治法》（以下简称《噪声污染防治法》）第六十六条：**对已竣工交付使用的住宅楼、商铺、办公楼等建筑物进行室内装修活动，应当按照规定限定作业时间，采取有效措施，防止、减轻噪声污染。**

按有关规定，装修作业在法定休息日、节假日全天及工作日 12 时至 14 时、18 时至次日 8 时等时间段不能施工。因此，房主让工人的施工时间已经造成扰民行为。

辉辉家人可以向小区物业提出申诉，要求对其进行装修时间规定。如果对方还是置之不理，可以向环保部门投诉或者打 110 报警。

小法官提问：

如果工人在规定时间内进行装修，但是噪声依旧非常大，辉辉爸爸还能投诉他们吗？

停在车棚的电动车不见了

1分钟案件回顾：

平平升入高中后，为了方便上下学，爸爸就给他买了一辆电动车。每天晚上回家后，平平就把电动车停在小区的车棚里，每月要交50元管理费，可以免费充电也有人看管，不担心丢失。

一个周末晚上，平平与爸爸准备外出购物，却发现电动车不见了——在原本停放电动车的地方，留下一把被剪坏的车锁。

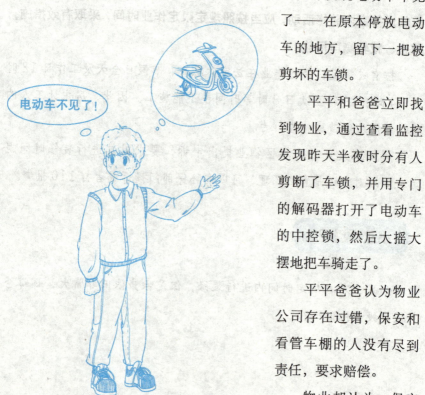

电动车不见了！

平平和爸爸立即找到物业，通过查看监控发现昨天半夜时分有人剪断了车锁，并用专门的解码器打开了电动车的中控锁，然后大摇大摆地把车骑走了。

平平爸爸认为物业公司存在过错，保安和看管车棚的人没有尽到责任，要求赔偿。

物业却认为，保安

和看管车棚的人每天都在巡逻，小偷是钻了巡逻间隙的空子，这和物业没有关系。

经过多次协商，物业始终拒绝赔偿。

平平爸爸质问物业："我们每年都交物业费，还交了电动车的管理费，现在车子丢了，你们却说没有责任，这合理吗？"

法律知识备忘录：

关于小区内电动车丢失这件事，物业公司是有赔偿责任的，其法律依据为《民法典》第九百三十七条：**物业服务合同是物业服务人在物业服务区域内，为业主提供建筑物及其附属设施的维修养护、环境卫生和相关秩序的管理维护等物业服务，业主支付物业费的合同。**

物业服务人包括物业服务企业和其他管理人。

根据以上法条规定，物业和业主形成一种合同关系，即业主缴纳物业费，物业公司就应该履行相应的责任。比如，管理与维护相关设施，保证水、电、燃气的正常供应，以及保障业主的人身、财产安全。

平平家缴纳了物业费和电动车管理费，物业公司就应该按照合同约定提供安保服务。平平的电动车被人偷了，物业公司就要承担赔偿责任，而不是说保安和看管人员按时巡逻了就推卸责任。

小法官提问：

平平的电动车在车棚充电时意外着火，导致其他车辆也被烧毁。这种情况下，谁需要承担相应的责任呢？

短视频被人"偷走了"

　　妈妈喜欢记录美好生活，在短视频平台上发布了许多关于女儿莉莉的短视频，包括生活中有趣的瞬间、古灵精怪的童言无忌、练舞蹈时的认真与刻苦，等等。

　　因为莉莉长得可爱，妈妈拍的短视频也很有水平，就积累了不少粉丝。

　　有一天，莉莉妈妈在某视频评论区看到了一则留言：莉莉妈妈，你是开小号了吗？现在直播带货这么火，你直播带货的话估计也会火，但是为什么不用大号呢？

　　莉莉妈妈非常疑惑，直接留言：我就这一个号。而且，我也没打算直播带货。

　　沟通之后，莉莉妈妈才弄清楚事情的真相：最近出现了一个新账号，头像是莉莉的一张舞蹈照片，播放的都是莉莉妈妈发过的视频，但是经过了剪辑、拼接。这个账号还开通了购物橱窗，里面多是儿童服装、母婴用品。

另一部分粉丝也表示在这个账号上买过商品，但是质量非常差。

莉莉妈妈非常气愤，给那个账号的发布者发了私信，要求其停止侵权行为并赔偿相应损失。

法律知识备忘录：

《民法典》第一千零一十九条：**任何组织或者个人不得以丑化、污损，或者利用信息技术手段伪造等方式侵害他人的肖像权。未经肖像权人同意，不得制作、使用、公开肖像权人的肖像，但是法律另有规定的除外。**

未经肖像权人同意，肖像作品权利人不得以发表、复制、发行、出租、展览等方式使用或者公开肖像权人的肖像。从本案例来看，在没有得到莉莉妈妈同意的前提下，该账号使用莉莉的照片做头像，搬运其拍摄的视频进行剪辑、拼接、发布，且是以盈利为目的，不仅侵犯了莉莉的肖像权，也侵犯了莉莉妈妈的著作权。

那么，除了要求该账号停止侵权行为外，莉莉妈妈还应该做些什么呢？

第一，收集相关证据，向平台投诉和举报。

第二，按照法律规定起诉对方，要求其删除相关视频，停止使用莉莉的肖像。同时，还可以要求对方支付相应的侵权赔偿。

小法官提问：

原创短视频未经许可被他人搬运了，在维权索赔时，著作权人应当注意哪些事项？

李逵变李鬼

1分钟案件回顾:

梦梦和萱萱是某偶像组合的粉丝,平时追着看他们参加的综艺节目、影视剧,偶尔还买一些他们代言的产品。

后来,梦梦和萱萱在某粉丝的介绍下加入了一个粉丝群,了解到很多偶像活动的最新消息。某天,粉丝群里有一个人私下加了梦梦的微信,说该偶像团体近期在本地要举行一场小型粉丝见面会,回馈粉丝们的支持,但是限定100人参加。因为梦梦也是铁粉,所以特意邀请她参加,但是需要交会费1000元。

梦梦非常兴奋,与萱萱分享了这个消息,然后还跟对方说情为萱萱争取到了一个名额。

就这样,两人想办法凑足了2000元会费,心情激动地参加了见面会。到现场时,她们看到已有百余名粉丝在等待,有些人还拿着给偶像精心准备的礼物。

然而,来到活动现场的

并不是偶像本人，只是组织者找了几个搞模仿秀的人来与粉丝互动，演唱了偶像组合的成名歌曲。这一下，现场粉丝就大闹起来，高喊着："骗子！""退费！"

梦梦和萱萱不仅没有见到偶像，还损失了 2000 元。

法律知识备忘录：

这是一种"粉丝见面会"的骗局，就是组织者利用孩子们的追星心理和涉世不深来达到目的。

该粉丝宣称可以让梦梦等人见到偶像，同时收取了会费，但是只请来几个搞模仿秀的。这种以营利为目的的行为已经涉嫌诈骗，梦梦应该立即报警，追究诈骗者的法律责任。

同时，从法律角度来说，该模仿秀组织者在未经过当事人、经纪公司的允许下进行表演，也是一种侵权行为。其法律依据为《中华人民共和国著作权法》（以下简称《著作权法》）第三十八条：**使用他人作品演出，表演者应当取得著作权人许可，并支付报酬。演出组织者组织演出，由该组织者取得著作权人许可，并支付报酬。**就是说，该模仿秀组织者的行为已经侵犯了偶像的著作权。

亲爱的同学们，我们应该理智追星，增强法律意识和防范意识，不轻易相信他人，不轻易向他人转账，这样才不会被不法分子欺骗。

小法官提问：

梦梦买不到偶像演唱会的门票，却在第三方平台上发现被炒到天价的黄牛票，她可以投诉和举报吗？

从天而降的垃圾袋

冉冉中午去上学，刚走出单元楼门口就被一个从天而降的垃圾袋砸中了。好在垃圾袋里没有玻璃瓶、硬壳食物等重物，冉冉才免于受伤。但是，垃圾袋里装满了厨余垃圾，弄得冉冉身上脏兮兮的。

冉冉立即抬头向楼上看去，发现5楼的老爷爷刚刚关上窗户，便怀疑是他往楼下扔的垃圾。冉冉立即赶回家准备把脏衣服换下来，同时把事情告诉了妈妈。

妈妈看着冉冉的狼狈样，非常气愤和心疼，就没有让她换衣服，而是拉着她来到5楼找老人理论。

冉冉妈妈："大爷，你怎么能从楼上往楼下扔垃圾呢？"

老人："我的腿脚不方便，不直接往楼下扔垃圾，难道你帮我扔吗？"

冉冉妈妈："往楼下扔垃圾属于高空抛物，是违法的。要是有硬物的话，砸到人会非常危险。"

老人："这只是生活垃圾，没有什么硬物。"

冉冉妈妈："高空乱扔垃圾就是不文明的行为，会给别人的安全带来危害。你看看，我家姑娘被你扔的垃圾砸中，弄得浑身臭烘烘的不说，还耽误了上学……"

无论冉冉妈妈怎么说，老人都没有意识到自己的错误，还把两人轰走了。妈妈只好嘱咐冉冉平时多加小心，别被垃圾再砸中。

法律知识备忘录：

高空抛物是非常不文明的行为，由此引发的人员受伤案例也经常看到。

《民法典》第一千二百五十四条：**禁止从建筑物中抛掷物品。从建筑物中抛掷物品或者从建筑物上坠落的物品造成他人损害的，由侵权人依法承担侵权责任；经调查难以确定具体侵权人的，除能够证明自己不是侵权人的外，由可能加害的建筑物使用人给予补偿。可能加害的建筑物使用人补偿后，有权向侵权人追偿。（后略）**案例中，冉冉被高空抛下的垃圾砸中，虽然没受什么伤，但是人身安全受到了危害，合法权益也受到了侵害（衣物被弄脏，浑身臭烘烘的），可以要求老人道歉并赔偿。如果老人拒绝，冉冉和妈妈可以报警来处理。

同学们，若是你遇到类似的事情应当立即报警，让自己的合法权益不受侵害。

小法官提问：

如果你被某栋楼的高空抛物砸伤，却不知道是谁抛的，应该如何维权？

哎呀，我掉入了下水道

　　妈妈接幼儿园放学的巧巧回家，一路上，巧巧一边蹦蹦跳跳，一边唱着歌。紧随其后的妈妈笑着嘱咐巧巧要注意安全，不要摔倒了。

　　巧巧回过头来，眨眨眼睛说："我知道了，妈妈。"

　　话音刚落，巧巧踩到的井盖就发生了倾斜，整个人掉落进下水道，哭泣着呼喊："妈妈，妈妈……"

　　妈妈慌忙跑过去，安慰巧巧："乖宝贝，不要害怕，妈妈马上救你上来……"随即，妈妈拨打了丈夫和物业的电话，不一会儿，大家把巧巧救了上来。好在下水道只有几十厘米的污水，巧巧的胳膊、小腿有些擦伤。但是，孩子受到惊吓，一直窝在妈妈怀里哭泣不止。

　　父母发现，孩子之所以掉入下水道是因为井盖已经老化生锈，边缘有碎裂的地方，固定螺丝已经掉落。显然，是物业没有及时修理、更换留下了安

救命，我要掉下水道里了！

全隐患。于是，他们拍下了这些证据，要求物业赔偿相关损失。

物业却认为，孩子踩翻井盖不慎掉入下水道是家长没有看护好，与物业没有关系。

那么，巧巧不小心掉入下水道，谁应该负责呢？

法律知识备忘录：

物业公司和业主之间是一种合同关系，业主缴纳物业费，物业公司提供相应的服务，包括设施的日常维修和养护，同时尽到安全保障义务等。

《民法典》第九百四十二条：**物业服务人应当按照约定和物业的使用性质，妥善维修、养护、清洁、绿化和经营管理物业服务区域内的业主共有部分，维护物业服务区域内的基本秩序，采取合理措施保护业主的人身、财产安全。**

对物业服务区域内违反有关治安、环保、消防等法律法规的行为，物业服务人应当及时采取合理措施制止、向有关行政主管部门报告并协助处理。从案例来看，巧巧所住小区的井盖破损，物业应当按照约定在第一时间修理和更换，但物业没有尽到相关的义务，存在管理上的过失，所以要向造成伤害的巧巧支付合理的赔偿。

如果物业拒绝道歉和赔偿，巧巧父母可以起诉物业，要求其承担侵权责任。

小法官提问：

想想看，妈妈看到了井盖已经生锈或者残破，却任由巧巧在上面用力蹦跳而不制止，需要承担相应的责任吗？

作文署名变成别人的

1分钟案件回顾：

　　六年级学生艾艾从小就喜欢阅读、写作，写了一本又一本日记，文笔也越来越好，他写的作文经常被老师当作范文来讲。

　　最近学校组织了"星火杯创新作文大赛"，艾艾报名参加了，不出意外地拿到了一等奖。过了几天，班主任找到艾艾，问他愿不愿意把作品授权给某中小学作文期刊发表，艾艾痛快地答应了。随后，在班主任的指导下，艾艾又花时间把作文进行了修改，由班主任发到杂志社邮箱。

　　艾艾非常期待在期刊上看到自己的作文，结果，等作文发表后却发现作者不是自己，而是同班另一个学生的名字，指导老师仍是班主任。

我写的作文怎么属上了别人的名字？这侵犯了我的署名权。

　　艾艾十分不解，就找到班主任讨要一个说法。班主任却说："艾艾，这是老师的失误，我把你们两人的文章弄混了。过后你再写一篇作文吧，到时，老师好好给你指导一下，肯定能再发表的。"

　　艾艾："可是，这篇作文是我写的，不是那个同学写的……"

班主任："我明白，但是文章已经发表没有办法更改，只能这样了。"

艾艾不知道怎么办，只得委屈地离开了。

法律知识备忘录：

作品署名是作者享有的专利，是法律赋予作者的合法权益。

《著作权法》第五十二条：**有下列侵权行为的，应当根据情况，承担停止侵害、消除影响、赔礼道歉、赔偿损失等民事责任：（一）未经著作权人许可，发表其作品的；（二）未经合作作者许可，将与他人合作创作的作品当作自己单独创作的作品发表的；（三）没有参加创作，为谋取个人名利，在他人作品上署名的；（四）歪曲、篡改他人作品的；（后略）**案例中，艾艾对其所写作文享有署名权，任何人不得侵犯和剥夺。班主任将艾艾所写的文章属上另一个学生的姓名并发表在公开期刊上，是不合法的，侵犯了艾艾的劳动成果。

那么，艾艾应该怎么来维权呢？

艾艾可以与老师、同学协商，要求对方停止侵权行为，在该期刊上发表更正声明。如果老师和同学不同意发表更正声明，艾艾在家人的帮助下可以向法院提起诉讼。

小法官提问：

班主任解释是把艾艾和另一个同学的文章搞混了署名，那么，如果那个同学发表的作品也没有属上艾艾的名字，艾艾应该怎么办呢？

烦人的广场舞

鲁鲁家住在3楼，楼下是小区广场，让鲁鲁更方便地到广场和小伙伴一起玩耍。可是，自从广场舞在小区流行起来后，每晚都会有一

群中老年人在小区广场跳广场舞，其队伍越来越壮大，音箱的音量也越来越大。

这些广场舞大妈从晚上7点半开始，一直跳到9点，天天不间断。因为音箱的音量非常大，即便关上窗户也阻挡不了声音的穿透力，严重影响了鲁鲁的学习。鲁鲁妈妈找到广场舞的组织者，希望她们能把音量调小些。

但是，她们理直气壮地说声音小了听不见，还说这里是公共场所，大家有健身的权利。

一些邻居也来找广场舞大妈理论，理论没个结果，大家还差点儿都起手来。大家就去找物业，结果物业也拿对方没有办法：劝，劝不动；撵，撵不走。

一气之下，鲁鲁妈妈打110报警。经过警察的劝解后，音箱音量

调小了。但警察走了之后，音量又被调大，而且好像比之前更大了。

鲁鲁一家人和邻居都非常气愤，对这些广场舞大妈也无可奈何，只能默默地忍受着。

法律知识备忘录：

无论是单位还是个人，如果在城市市区街道、广场、公园等公共场所组织娱乐、集会等活动，使用音响器材产生干扰周围生活环境的过大音量，就已经违反了《噪声污染防治法》第六十四条：**禁止在噪声敏感建筑物集中区域使用高音广播喇叭，但紧急情况以及地方人民政府规定的特殊情形除外。**

在街道、广场、公园等公共场所组织或者开展娱乐、健身等活动，**应当遵守公共场所管理者有关活动区域、时段、音量等规定，采取有效措施，防止噪声污染；不得违反规定使用音响器材产生过大音量。**

公共场所管理者应当合理规定娱乐、健身等活动的区域、时段、音量，可以采取设置噪声自动监测和显示设施等措施加强管理。

本案例中，鲁鲁一家人和其他邻居被噪声侵扰时，有权让跳广场舞的组织者调低音箱声音，减轻噪声污染带来的伤害。如果对方置之不理，大家可以报警处理，也可以向当地环保部门举报。当然，有充分证据证明其噪声给自己带来了精神损害也可以提起诉讼，要求其停止侵害并给予赔偿。

小法官提问：

想想看，生活中还有哪些侵害我们的噪声污染？如果长期遭受噪声侵扰，应该如何维权？

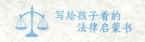
躲过了电动车，却设有躲过老人家

朵朵的舞蹈课程结束后，滑着滑板车赶往小区对面的广场玩，妈妈则跟在后面。因为人行道路的人不少，朵朵滑的速度不快，还按照妈妈的嘱咐靠右边滑行。

朵朵滑到广场入口时，一个骑着电动车的阿姨躲避一辆汽车突然转弯，擦着她的滑板车而过。

朵朵急忙躲避，结果碰到路边正常行走的一位老奶奶，导致老奶奶向前踉跄了好几步，摔倒在马路上。

朵朵也摔倒了，手臂被擦伤，膝盖还磕到马路牙子上，好半天才站了起来。朵

朵妈妈立即来到老奶奶身边，询问老人家伤得严重不严重。老人家表示自己的腰扭伤了，左胳膊也非常疼，不知道是不是骨折了。

朵朵妈妈立即拨打 120 急救电话，表示自己会为老人家支付相应的医药费。

这时，目击整个过程的路人开口了："这属于交通事故，你应该先报警。我看到是骑车的女士躲避汽车突然转弯而导致你们发生了事故，汽车驾驶人或是骑电动车女士违规了，由警察判定责任在谁。"

那么，朵朵是否就没有了责任呢？

法律知识备忘录：

发生交通事故后，朵朵妈妈应该及时报警，让交警为该事故划分责任。因为慌乱，因为不懂法而私自处理，都可能让自己的合法权益受到侵害。

另外，承担的事故责任会影响赔偿责任，其法律依据为《道路交通安全法》第七十六条：**机动车发生交通事故造成人身伤亡、财产损失的，由保险公司在机动车第三者责任强制保险责任限额范围内予以赔偿；不足的部分，按照下列规定承担赔偿责任：（一）机动车之间发生交通事故的，由有过错的一方承担赔偿责任；双方都有过错的，按照各自过错的比例分担责任。（二）机动车与非机动车驾驶人、行人之间发生交通事故，非机动车驾驶人、行人没有过错的，由机动车一方承担赔偿责任；有证据证明非机动车驾驶人、行人有过错的，根据过错程度适当减轻机动车一方的赔偿责任；机动车一方没有过错的，承担不超过百分之十的赔偿责任。**

交通事故的损失是由非机动车驾驶人、行人故意碰撞机动车造成的，机动车一方不承担赔偿责任。

这说明，如果交警认定汽车驾驶人违反了交规，应该为这起交通事故负全责；如果交警认定骑电动车的女士违反了交规，应该为这起交通事故负全责；如果交警认定电动车是正常行驶，朵朵撞倒老奶奶是个人慌张、处理不当导致的，那么，老奶奶的医药费、赔偿就应该由朵朵妈妈负责。

小法官提问：

这个阿姨骑着电动车正常行驶，朵朵滑着滑板突然横穿马路，对方没来得及刹车而导致朵朵被撞伤，责任该如何划分？

第七篇 生态与环境篇

焚烧自家秸秆也违法

每年暑假，荣荣都要去乡下的爷爷家待上一段时间。爷爷家有许多好吃的、好玩的，有时候还能看到一些在城里绝对看不到的"刺激"事。这不，他第一次跟着爷爷烧自家地里的秸秆。

这天傍晚，荣荣和爷爷吃过晚饭后就来到了农地里。秸秆被整齐地放在地里，被爷爷点燃后，大量的浓烟升起，遮天蔽日。看到如此"壮观"的场景，荣荣没来由得有些惊慌。

荣荣："爷爷，这样烧秸秆没问题吧？"

爷爷："能有啥问题！自家的地，自家的秸秆，别人管得着吗？"

荣荣："这么大的烟雾，会不会污染空气啊？"

爷爷："我年年都烧，这乡下的空气不也比城里好。就算烧了这些秸秆，还能比大街上跑的汽车污染大？"

荣荣："爷爷，这要是引起了火灾，怎么办啊？"

爷爷："乖孩子，

禁止焚烧

别怕。爷爷年年都烧，也没见哪年失了火……"

爷爷的话还没说完，一辆消防车就从远处疾驰而来，然后几个消防员快速下车扑灭了大火。原来，烧秸秆引起的火光在夜晚格外显眼，远处公路上一位私家车主还以为这里发生了火灾，于是拨打了119火警电话。

法律知识备忘录：

法律规定，应当对秸秆、落叶等进行肥料化、饲料化，禁止焚烧，减少排放大气污染物。所以，荣荣爷爷的行为违反了《中华人民共和国大气污染防治法》第七十七条：**省、自治区、直辖市人民政府应当划定区域，禁止露天焚烧秸秆、落叶等产生烟尘污染的物质。**

根据《民法典》第一千二百二十九条：**因污染环境、破坏生态造成他人损害的，侵权人应当承担侵权责任。**如果荣荣爷爷焚烧秸秆不小心引发其他事故，造成了对方的损失，还要对其赔偿。

同时，焚烧秸秆有酿成火灾的风险。幸亏当时消防部门及时赶到，才将风险扼杀在摇篮之中。如果因为荣荣爷爷的过失引起火灾，会得到行政处罚。

小法官提问：

在自家庭院或者大街上焚烧从树上掉落的树叶，这是违法的吗？

砍了自家的大树

秋天到了，安安找了一个周末去爷爷家玩。爷爷住在一楼，有个很大的院子，安安来到时看见爷爷正在清扫寇树落下的树叶。

这两棵寇树是在安安出生那年种下的，随着安安的成长，两棵寇树也长得枝繁叶茂。只是，每年秋天到来的时候，清扫落叶就成了一件麻烦事，一天要清扫好几次。

见爷爷如此辛苦，安安就说："爷爷，这两棵寇树既遮挡风景，又是不断落叶，不如砍掉算了。"

爷爷："当时觉得院子里有两棵树也算是不错的风景，没想到，如今小区绿化这么好，这两棵树反而遮挡了风景，明天我就找工人把这两棵树砍掉。"

第二天，爷爷叫来的工人准备好工具正要砍树，物业的工作人员匆匆赶来。

庭院的寇树既遮挡风景，又会不断落叶，还是砍掉算了。

物业工作人员："老先生，这树可不能砍。国家对于城市绿化是有规定的，任何人要砍树，必须得到有关部门的批准。"

爷爷："我砍自家的树，还得别人批准？哪有这样的道理，给我砍了！"

在电锯的轰鸣声中，两棵高大的寇树就这样倒下了。

请问，自家种的树，真的就可以随便砍伐吗？

法律知识备忘录：

安安爷爷砍伐小区庭院的树木，已经违反了《中华人民共和国城市绿化条例》第二十条：**任何单位和个人都不得损坏城市树木花草和绿化设施。砍伐城市树木，必须经城市人民政府城市绿化行政主管部门批准，并按照国家有关规定补植树木或者采取其他补救措施。**照此看来，违反本条法律规定的，将由城市绿化行政主管部门或者其授权单位责令停止侵害，造成损失的则要负赔偿责任。更加严重的话，会按照《治安管理处罚法》相关规定进行处罚。

安安爷爷在庭院里种植的两棵寇树，也属于城市绿化的一部分，私自砍伐不仅要缴纳罚款，还要按照有关部门的要求重新补种两棵树才行。

小法官提问：

自家院子里的树木长得枝叶扭曲，可以进行修剪吗？

路边捡到一只大鸟

成成从小就很有爱心，喜欢小动物，亲近大自然。每到周末，他就会央求父母带他去附近的郊区游玩，感受美好的自然风光。

周末到了，爸爸又带着成成外出游玩。成成开心地跑在前面，在丛林旁的一棵大树下看见一只直扑腾翅膀的大鸟。

大鸟受伤了，我们把它带回家治疗。

成成："爸爸，快看，那边有只大鸟好像受伤了！"

爸爸："可不是，还是你眼神好。这么一看，这只鸟好像是翅膀受伤了。不过，这是只什么鸟，还挺好看的，我都不认识。"

成成："我也不认识，但是鸟儿受伤了，好可怜。爸爸，我们把它带回家里治伤，好不好？"

爸爸："成成真的是个有爱心的好孩子，那咱们就把大鸟带回家治好再放回大自然吧。"

将大鸟带回家后，成成要妈妈和自己一起为大鸟治疗伤势。爸爸在网上查到，原来自己捡回家的大鸟名叫豆雁，是国家二级保护鸟类。爸爸本着治好伤就把豆雁放回大自然的想法，并没有报警或者联系保护野生动物有关部门。

法律知识备忘录：

国家二级保护动物属于国家重点保护动物范围，无论是捕猎、杀害、驯养、繁殖，都必须得到有关部门的许可，否则就是违法行为。

显然，成成把豆雁带回家疗伤、饲养的行为已经违反了《中华人民共和国陆生野生动物保护实施条例》第九条：**任何单位和个人发现受伤、病弱、饥饿、受困、迷途的国家和地方重点保护野生动物时，应当及时报告当地野生动物行政主管部门，由其采取救护措施；也可以就近送具备救护条件的单位救护。救护单位应当立即报告野生动物行政主管部门，并按照国务院林业行政主管部门的规定办理。**

所以说，成成虽然是一片好心，但野生动物的习性和生活环境往往与人们认知中的大不相同。为了避免伤害野生动物，还是尽量把野生动物交给专业部门处理较好。

因此，同学们要记住了，偷偷饲养野生动物不是好的决定。

小法官提问：

不是自己亲自抓捕、猎杀的情况下，在饭馆食用野生动物违法吗？

把车开进了野生动物保护区

　　方方很喜欢动物，经常央求父母带他去动物园玩。这一次，爸爸开车带着全家人一起进入野生动物园游玩。看到没有被关在笼子里的动物，方方别提多开心了。开到某个路段的时候，方方看到一群鹿，只是车辆刚刚靠近，鹿群就跑掉了。

　　方方："爸爸，快开车追上那些鹿，我还没近距离接触呢！"

　　爸爸面露难色，因为鹿群跑进了一条小路，旁边还立着一块牌子："游客禁止通行，避免吓到野生动物。"

　　爸爸："方方，那里面是保护区，是不能随便进去的。"

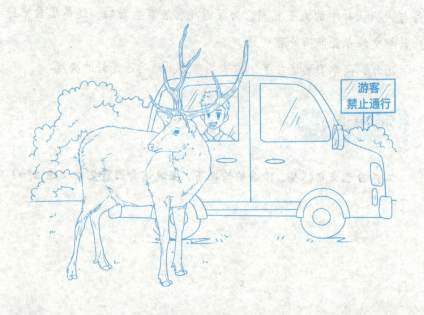

方方听了爸爸的话，不依不饶地闹了起来。

妈妈："这里又没有人看见，你的胆子怎么那么小。孩子好不容易来一次，还不让他看个痛快？再说了，又不是去追什么老虎、狮子的，看完那几只鹿就出来了。"

听了妻子的话，爸爸便把车顺着那条小路开了进去……

法律知识备忘录：

为了保护野生动物，避免破坏原本的生态环境，《中华人民共和国自然保护区条例》第二十七条：**禁止任何人进入自然保护区的核心区。因科学研究的需要，必须进入核心区从事科学研究观测、调查活动的，应当事先向自然保护区管理机构提交申请和活动计划，并经自然保护区管理机构批准；其中，进入国家级自然保护区核心区的，应当经省、自治区、直辖市人民政府有关自然保护区行政主管部门批准。**（后略）就是说，凡是进入自然保护区参观、旅游的单位和个人，都应该服从管理机构的管理，遵守相关法律法规。

案例中，方方一家人在未经批准的情况下私自开车进入自然保护区，或者在自然保护区内不服从管理机构管理的，要由管理机构责令改正，并根据情节不同处以罚款。

小法官提问：

方方能不能随便进入植物保护区，参观那些不会被惊吓到的植物呢？

湿地里的小白鹭

小梅的外公家住在郊区，附近有一座很大的湿地公园。周末的一天，小梅到外公家玩，吃过晚饭，就和外公一起到湿地公园散步。

湿地公园里有很多鸟类，没多久，一群在水塘中戏水的白鹭就吸引了小梅的注意力。

小梅："外公，你快看，这些大鸟真好看。"

外公："这叫白鹭，以前还挺多的，最近却越来越少看到了。"

小梅："为什么啊？"

外公："人们到处建厂盖楼，能让白鹭生活的地方越来越少。还有很多人想要它们美丽的羽毛做装饰，就不加限制地捕猎。"

小梅似懂非懂地点点头。就在这时候，水塘边突然冲出几个人拿着网子朝白鹭冲去。没一会儿，就有几

这只白鹭很漂亮，我要把它抓回去！

只白鹭被网住了。

小梅："外公，快想想办法啊，那几只白鹭要被人抓走了。"

外公赶紧掏出手机拨打了报警电话。

很多人不懂法或知法犯法，对野生动物随意捕猎，这违反了《中华人民共和国野生动物保护法》（以下简称《野生动物保护法》）第四十五条：**在相关自然保护区域、禁猎（渔）区、禁猎（渔）期猎捕国家重点保护野生动物，未取得特许猎捕证、未按照特许猎捕证规定猎捕、杀害国家重点保护野生动物，或者使用禁用的工具、方法猎捕国家重点保护野生动物的，由县级以上人民政府野生动物保护主管部门、海洋执法部门或者有关保护区域管理机构按照职责分工没收猎获物、猎捕工具和违法所得，吊销特许猎捕证，并处猎获物价值二倍以上十倍以下的罚款；没有猎获物的，并处一万元以上五万元以下的罚款；构成犯罪的，依法追究刑事责任。**

从法律角度来说，捕猎重点保护动物自不必说，一定会受到法律严厉的制裁；非重点保护动物也不能随意捕猎，无论出于什么原因都要有相关部门的批准。

本案例中，这几个用自制工具捕猎白鹭的人，没跑多远就被警察抓住了。按照法律，他们自制的工具要没收，还要被处以罚款。

在不伤害白鹭的前提下拔取羽毛，是否构成违法？

☆ 171 ☆

建在麦地里的工厂

从今年开始，宁宁就要跟随父母去城里读书了。城里的环境跟老家大不一样，新奇的事物很多，让他大开眼界。但是，时间久了，他还是会想念家乡的风景——无论是潺潺的小溪，还是碧绿的麦田，都承载着他童年的回忆。

好不容易等到放暑假了，宁宁就让爸爸带着回家乡看看景色，找小伙伴玩。没想到，宁宁下车以后，看到的一切让他大失所望——记忆中那片碧绿的麦田，如今变成了冒着滚滚浓烟的工厂。

回到家里，宁宁带着一脸不解的表情。妈妈发现了孩子的心情不好，就问道："宁宁，你怎么了，是不是坐车累了？"

宁宁："妈妈，咱们村头那家工厂是什么时候建的？原来那地方不是麦田吗？"

妈妈："哦，有个加工厂的老板看上了那块地，就跟村里租了下来，听说连地带种下去的麦子给了不少钱呢。"

　　宁宁："那可是耕地，能随便建工厂吗？"

　　妈妈："人家自己的耕地，想怎么处理，咱们说了也不算。"

　　宁宁："不行，等吃完饭，我得问问老师去。"

　　当宁宁给老师打电话说了这事，老师知道这是私自占用耕地，马上就打电话向有关部门举报。

法律知识备忘录：

　　保留相当数量的基本农田，是保证粮食充足的基本条件。因此，法律规定，任何破坏、占用农田的行为都是违法的，即便农田属于个人仍不可以随便改变其用途。

　　《中华人民共和国土地管理法》第三十七条：**非农业建设必须节约使用土地，可以利用荒地的，不得占用耕地；可以利用劣地的，不得占用好地。**

　　禁止占用耕地建窑、建坟或者擅自在耕地上建房、挖砂、采石、采矿、取土等。

　　禁止占用永久基本农田发展林果业和挖塘养鱼。这说明，违反了此条规定，将承担法律责任。

　　针对商人租用农田改建工厂的违法行为，行政机关将对其进行处罚——除了建好的工厂必须恢复成农田原本的样子外，还要被处以相应的罚款。

小法官提问：

　　农民伯伯为了经济多收益外出打工而放弃耕种，这算违法吗？

发现秘密"河流"

又是一个夏日的周末，家住郊区的鹏鹏约好两个小伙伴一起外出"探险"。

几个人有说有笑、打打闹闹地来到一处杂草丛生的荒地上，鹏鹏抽抽鼻子，好像闻到了什么奇怪的气味，就问："你们是不是谁放屁了，好臭啊！"

小伙伴A捏住了鼻子："我也闻到了，真的好臭啊！"

小伙伴B："我怎么没闻到……"

鹏鹏："那肯定是你放的！"

三人一边笑闹着，一边好奇地朝着散发臭味的地方走

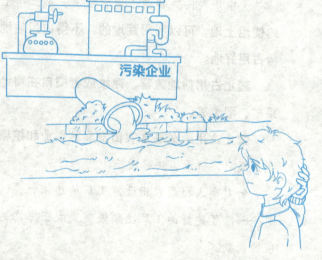

去。拨开低处的一片杂草，居然有一条黑色的小河出现在他们面前，正是这条"小河"散发出来的恶臭。

鹏鹏："这水怎么是黑色的，还这么臭！"

小伙伴A："快看，那边有家工厂，这黑水肯定是从那里流过

来的！"

小伙伴 B："咱们快走吧，这黑水臭死人了。"

鹏鹏回到家以后，把看见的情况告诉了爸爸，爸爸马上打电话向相关部门举报了私自排污的工厂。

法律知识备忘录：

国家为了保护环境，制定了专门的法律规定，防止某些人为了利益而破坏大家共同拥有的生活环境。

《民法典》第一千二百三十五条：**违反国家规定造成生态环境损害的，国家规定的机关或者法律规定的组织有权请求侵权人赔偿下列损失和费用：（一）生态环境受到损害至修复完成期间服务功能丧失导致的损失；（二）生态环境功能永久性损害造成的损失；（三）生态环境损害调查、鉴定评估等费用；（四）清除污染、修复生态环境费用；（五）防止损害的发生和扩大所支出的合理费用。**开办工厂需要审批环保手续，还要按照规定采用资源利用率更高、污染物排放量更少的设备和工艺，防止排放污水污染环境。

案例中，为了一己私利偷偷排放污染物破坏环境的行为，将受到法律严厉的制裁，不仅会被关闭工厂、处以罚款，还会被有关部门监管治理被污染的环境。

小法官提问：

农村中，有人随意排放生活污水，算不算违法呢？

抓青蛙

五年级学生楠楠放暑假了,就到乡下外公家去玩几天。表哥非常喜欢楠楠,每天都会带楠楠出去玩。一天,表哥带她来到一处池塘,说是要捉青蛙。

楠楠:"表哥,青蛙看着怪吓人的,我们去抓知了吧。"

表哥:"这里的青蛙跟别的青蛙不一样,可漂亮了。"

楠楠:"真的吗?到底有多漂亮?"

表哥:"别急,等会儿我抓几只,你就知道了。"

果然如表哥所说,他所抓的青蛙身侧都带有两条金色条纹,很好看。楠楠很喜欢,便和表哥一起抓起青蛙来。一直到要吃晚饭了,两人才带着抓到的六只青蛙回家。

这时候,舅舅下班回来了,看到楠楠在摆弄水盆里的青蛙。

舅舅:"楠楠,这几只青蛙是你抓来的?"

楠楠:"是啊,我跟表哥一起抓的。"

> 这里的青蛙都带有两条金色条纹,非常漂亮。我们要多抓几只回家。

舅舅："楠楠，这可不是普通的青蛙，这是国家三级保护动物金线蛙，大家不能随便捕捉。一会儿，舅舅和你一起把青蛙送回原地，好不好？"

楠楠虽然不太明白这些道理，但还是听懂了"保护动物"几个字，于是点头答应了。

法律知识备忘录：

野生动物资源非常珍贵，任何一种野生动物都具有很高的研究价值。

有些人肆意捕捉野生动物，一是抓回家里自己养殖观赏，二是被卖到饭馆。无论是哪一种情况，都违反了《野生动物保护法》第六条：**任何组织和个人都有保护野生动物及其栖息地的义务。禁止违法猎捕野生动物、破坏野生动物栖息地。**

任何组织和个人都有权向有关部门和机关举报或者控告违反本法的行为。野生动物保护主管部门和其他有关部门、机关对举报或者控告，应当及时依法处理。

案例中，楠楠和表哥捉保护动物金线蛙的行为是违法的，如果当场被有关部门人员抓住，依照有关规定将被处以罚款。所以，想要做个乖孩子，不能随便抓野生动物回家。

小法官提问：

举报他人在捕猎受保护的野生动物，会受到奖励吗？

禁渔期内不得偷偷捕鱼

1分钟案件回顾：

阳阳家不远处就是一座风景秀丽的湖泊，阳阳童年时的美好回忆大多与这座湖泊有关，有时泛舟湖上，有时与小伙伴在湖畔玩耍。阳阳爸爸也经常从湖中捕鱼，品尝纯正野生湖鱼的滋味。

这一年4月，为了保证水生生物正常生长和繁殖，当地部门下达了禁渔期，任何人不准私自捕捞鱼类。一天清晨，天还没亮，阳阳爸爸就悄悄出门了，打算捕几条鱼解解馋。

中午时分，阳阳放学归来，发现桌子上摆着的午餐正是他最喜欢吃的糖醋鱼。

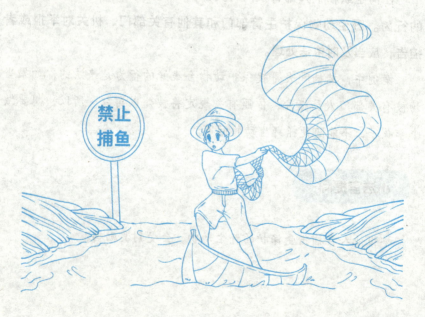

阳阳："爸爸，你今天买鱼了？"

爸爸："没有，市场上卖的都是冰冻鱼，哪里有新鲜的好吃。"

阳阳："可是，现在不是禁渔期吗？"

爸爸："嘘，小点儿声。这是爸爸一大早出去捕的，就这么两条鱼，没事的。"

世上没有不透风的墙。阳阳爸爸自以为一大早上出去捕鱼就没人看见，没想到，早上在湖边跑步的人看到他在私自捕鱼，就向有关部门举报了他。

法律知识备忘录：

鱼类的繁殖需要一定的时间，不分时段地捕捞会导致鱼类难以正常繁殖，最后数量越来越少，甚至会彻底消失。为了避免这种情况的出现，有关部门制定了休渔期、禁渔期。

《野生动物保护法》第二十条：**在相关自然保护区域和禁猎（渔）区、禁猎（渔）期内，禁止猎捕以及其他妨碍野生动物生息繁衍的活动，但法律法规另有规定的除外。（后略）**所以，即便阳阳爸爸只捕捞了两条鱼食用，仍然难以逃过法律的处罚。最后，阳阳爸爸用来捕鱼的工具被有关部门没收，还要缴纳两条鱼价值两倍以上、十倍以下的罚款。

同学们，请记得在当地颁布的禁渔期内，提醒家长不要做违法的事；同时，你在市场上看到有人偷偷地卖新鲜活鱼，也要及时举报。

小法官提问：

不在休渔期，就可以随意捕捞野生鱼类了吗？

过春节了，我要放爆竹

马上就过春节了，飞飞和几个伙伴正在小区广场上玩耍，忽然看见附近有几个小朋友正在玩摔炮，一声声的脆响让飞飞羡慕极了。

飞飞赶紧跑回家："爸爸，我刚才在广场上看到有小朋友放爆竹，你给我买一些好不好？"

爸爸："我小时候一到过年也天天放爆竹，这几年开始，城市市区都不让放了。不过，爸爸今天去楼下买烟的时候，还真的看见商店里有爆竹，这就给你买去。"

没一会儿，爸爸就买回了爆竹，交给飞飞时还嘱咐了几句："小心点儿，别伤着自己也别伤着别人，找个空旷没人的地方放。"

飞飞想了一下，对了，现在学校都放假了，操场正是放爆竹的好地方。

飞飞和小伙伴来到学校的操场，开始放起了爆竹。他们正玩得高兴，却被值班老师抓住，还打电话叫家长来领人。

法律知识备忘录：

　　燃放烟花爆竹时会带来大气和噪声污染，燃放不当还容易引起火灾，所以并不是任何地方都适合燃放，其法律依据为《烟花爆竹安全管理条例》第三十条：**禁止在下列地点燃放烟花爆竹：（一）文物保护单位；（二）车站、码头、飞机场等交通枢纽以及铁路线路安全保护区内；（三）易燃易爆物品生产、储存单位；（四）输变电设施安全保护区内；（五）医疗机构、幼儿园、中小学校、敬老院；（六）山林、草原等重点防火区；（七）县级以上地方人民政府规定的禁止燃放烟花爆竹的其他地点。**

　　每逢佳节，当地有关部门会规定燃放时间和地点，避免居民受到噪声、空气等污染的影响。而由于烟花爆竹的危险性，销售烟花爆竹同样需要有关部门认可的资质。

　　飞飞在校园里燃放爆竹，显然校园不是合适的燃放地点；商店在没有销售许可的情况下私自贩卖烟花爆竹，也违反了法律规定。

　　飞飞是未成年人，在被家长教育后可以免除其他处罚；商店老板非法经营的烟花爆竹要被没收，还要面临罚款。

小法官提问：

　　在自家院子里燃放烟花爆竹，是合法的吗？

千万不要在林区吸烟

1分钟案件回顾：

姑姑从外地来朗朗家探亲，爸爸便热情地带着姑姑四处游玩。这一天，一行人来到当地有名的原始森林公园游玩。

朗朗爸爸一直有吸烟的习惯，在公园里走了一段时间，他实在忍不住烟瘾，就悄悄点燃了一支香烟。

朗朗："爸爸，你不能吸烟，要是引起火灾就不得了了。"

爸爸："没关系，我会多加小心。"

朗朗："老师说了不能在森林里抽烟，你快点儿熄灭吧。"

爸爸不以为然，并没有熄灭手里的香烟。不过，远处的护林员看

到了这个情况，立即上前劝阻："这位先生，这里是林区，现在又是森林防火期，是不能吸烟的。"

爸爸："我也是刚点着，麻烦你通融一下。"

护林员："这不是通融不通融的问题，你的行为实在是太危险了，很容易引发森林火灾。"

爸爸："没那么严重吧？我吸完把烟熄灭，确定灭了以后再把烟头带走，还不行吗？"

护林员："你知道一年里全国各地有多少起因为吸烟引发的火灾吗？这次幸亏没有引发严重后果，只对你进行警告，希望以后不要再在林区里吸烟、使用明火了！"

法律知识备忘录：

为了有效预防森林火灾，保护森林资源，一般在明显处都设置了森林防火警示宣传标志。

案例中，朗朗爸爸吸烟的行为违反了《森林防火条例》第五十条：**违反本条例规定，森林防火期内未经批准擅自在森林防火区内野外用火的，由县级以上地方人民政府林业主管部门责令停止违法行为，给予警告，对个人并处 200 元以上 3000 元以下罚款，对单位并处 1 万元以上 5 万元以下罚款。**如果引发了火灾，后果严重的将构成犯罪，会被依法追究刑事责任。

同学们，你们在公园里玩耍时，记得千万不能玩火。

小法官提问：

在没有点火的情况下，可以将打火机、火柴等物品带入林区吗？

河砂怎么是矿产资源呢

1分钟案件回顾：

寒假到了，方远去老家和爷爷住一段时间。一天，方远在院子里玩耍，看见院墙上有一条裂缝，就说："爷爷，你看，咱家的院墙裂开了。"

爷爷："可不是，这院墙也够久的了，还是你学会走路那会儿建的呢。"

方远："爷爷，你以前不是泥瓦匠吗，能不能把院墙修好啊？"

家里的墙裂了一道缝，我来河边拉点砂子回去修补一下。

爷爷："这算个啥，等爷爷下午去河边拉点河砂，回头就给院墙修好。"

下午，叔叔开着皮卡车载着方远和爷爷去河边挖砂子，还没装上车，就有管理人员前来劝阻，说他们的行为违法了。

爷爷："违啥法了？这砂子是你家的？"

管理人员："老人家，这砂子不是我家的，但这是国家的。"

方远："可这里是荒郊野外，一直也没有人管理啊！"

爷爷："就是，荒郊野外的砂子，谁规定的不能随便挖？"

管理人员："老人家，法律就是这么规定的，特别是这河砂可不能随便挖。"

方远："这是为什么？"

管理人员："小朋友，河砂是一种矿产资源，属于国有资产。我们需要保护矿产资源，任何人都不能随便使用和变卖哦。"

管理人员最后说服了方远和爷爷，让他们放弃了在河道采砂。

法律知识备忘录：

如果爷爷把河砂拉回家，其行为违反了《中华人民共和国河道管理条例》第二十五条：**在河道管理范围内进行下列活动，必须报经河道主管机关批准；涉及其他部门的，由河道主管机关会同有关部门批准：（一）采砂、取土、淘金、弃置砂石或者淤泥；（二）爆破、钻探、挖筑鱼塘；（三）在河道滩地存放物料、修建厂房或者其他建筑设施；（四）在河道滩地开采地下资源及进行考古发掘。**

从环境保护角度来说，河道中的砂子对于维持地貌有一定的作用，禁止在河道采砂不仅是为了保护河道不受损坏，也是为了保护河岸两边住着的人们的安全。

从法律层面来说，河砂是一种矿产资源，属于国有资产，任何人都不得随意开采。否则，将处警告、罚款、没收非法所得处罚；还有可能被判定为非法采矿，要面临刑法的制裁。

小法官提问：

同学们想想，把不需要的砂土填入河道中算违法吗?

第八篇　生活篇

树枝突然断裂，正好砸到了我

1分钟案件回顾：

早上7点左右，高一学生周维骑自行车正准备过斑马线，突然听到头顶上传来树枝断裂的声音，随后一截树枝砸到他的头上，导致头部出现肿块，背部和手臂也受了伤。

同样准备过斑马线的几个行人也被树枝砸到，导致不同程度的受伤，其中一人头部被一根较粗的树枝砸中，血流不止。

被树枝砸伤，林木的所有人或者管理人员应承担侵权责任。

随后，交警和现场市民合力将树枝挪走，120急救人员赶到现场，将周维等伤者送往医院。

后来，周维听父母说起这次事故发生的原因：树枝被蛀虫蛀食了，再加上昨天晚上下了一夜雨，雨水加重了树枝的重量，导致树枝突然断裂。

周维无奈地说："那只能算我们自己倒霉了。"

周维妈妈："那不行！责任段绿化养护单位应该承担责任，因为道路沿线的树木是由他们负责管理、养护的。"

法律知识备忘录：

路人被道路沿线的树木砸伤，应该找谁赔偿？

答案是，涉事路段负责绿化养护的单位。之所以做出这样的判断，其法律依据是《民法典》第一千二百五十七条：**因林木折断、倾倒或者果实坠落等造成他人损害，林木的所有人或者管理人不能证明自己没有过错的，应当承担侵权责任。**

从案例可以看出，树枝断裂是因为被蛀虫蛀食了，再加上雨水的浸泡。养护单位作为树木管理人，没能及时巡视、发现问题以及消除安全隐患，应当承担侵权责任，给予伤者相应的赔偿。

小法官提问：

台风天气导致树木的树枝断裂，砸坏了树下停泊的汽车挡风玻璃，应该由谁来赔偿？

打群架的行为不可取

　　早上，杨杰因为起床晚了，此刻骑着自行车慌慌张张地冲向学校的停车棚，不料跟隔壁班的徐超撞了个正着。两人平时就互相看不对眼，没事都要呛几句。这不，现在又因为争抢自行车停车位闹了起来。

　　杨杰："你是不是故意找碴儿，这位置明明是我先看到的。"

　　徐超："先到先得，懂不懂？你以为这是你家，什么都得让你先挑？"

　　杨杰："我告诉你，我忍你很久了，这周末约一架，敢不敢？"

　　徐超："怕你啊？不去的是以后当小弟！"

随后，杨杰约了几个要好的班级"兄弟"，让他们准备好棍子、网球拍等武器，准备等周末就去和徐超大干一场。

好在还没有到周末，就有人向班主任告发了此事。班主任立即联系了杨杰的家长，阻止了一场斗殴事件的发生。

法律知识备忘录：

聚众斗殴是刑事犯罪，关于这一犯罪行为，其处罚依据为《刑法》第二百九十二条：**聚众斗殴的，对首要分子和其他积极参加的，处三年以下有期徒刑、拘役或者管制；有下列情形之一的，对首要分子和其他积极参加的，处三年以上十年以下有期徒刑：（一）多次聚众斗殴的；（二）聚众斗殴人数多，规模大，社会影响恶劣的；（三）在公共场所或者交通要道聚众斗殴，造成社会秩序严重混乱的；（四）持械聚众斗殴的。（后略）**

从本案例来看，如果班主任没有及时阻止打群架的发生，杨杰已满十六周岁是要负刑事责任的，又因他还未满十八周岁，可以酌情减轻处理。

根据本法条的规定来看，如果这次聚众斗殴事件发生了，杨杰是首要分子且还准备了打架用的武器，或许对其将处管制措施；此外，如果事件中有人受伤了的话，杨杰还可能犯故意伤害罪，具体量刑则要看案情的严重程度。

小法官提问：

两人自愿单挑打架，属于违法行为吗？

冲动之下打了护士姐姐

高二学生彬彬这几天发烧有点儿严重，妈妈就带他来医院看病。医生诊断后，便开药让护士准备给他输液。

在护士给彬彬进行血管穿刺操作时，彬彬感觉到疼痛，手臂猛地一缩，导致输液针扎偏了。他立即大声喊道："你弄疼我了！"

彬彬妈妈也生气地斥责："你会不会扎针？孩子的血管这么清晰，你都能扎偏？"

护士解释："刚才是孩子缩了一下手……"

彬彬妈妈："你还狡辩，真是太过分了！"

医生立即赶过来，说："这名护士刚从卫校毕业不久，没多少经验，不好意思。"随后嘱咐护士小心一些。

彬彬妈妈："没经验，就拿我们做实验吗？你要是不行，就给我换个人。"

护士本来就有些

紧张，又受了委屈，就更紧张了。她把针头消毒后，小心翼翼地给彬彬重新进行穿刺操作，结果扎了一次又没扎中血管。

彬彬更生气了，扬起手打了护士一个耳光，还对她破口大骂起来。

护士愣了一下，并没有跟对方起争执，而是立即回到护士站按下了报警器。彬彬妈妈大概是察觉到了什么，在医院保安和其他医护人员赶到之前，就带着彬彬离开了。

随后，民警经过彬彬在医院的登记展开调查，找到了殴打护士的彬彬。

法律知识备忘录：

《治安管理处罚法》第四十三条：**殴打他人的，或者故意伤害他人身体的，处五日以上十日以下拘留，并处二百元以上五百元以下罚款；情节较轻的，处五日以下拘留或者五百元以下罚款。**（后略）本案例中，彬彬是未成年人，但是已满十六周岁，因为扎针输液被扎疼了就冲动地伤害别人，需要承担民事责任。

所以，同学们要记得，无论发生什么事情，我们都应该学会先用正确的方式来沟通，然后通过有效手段维护自己的合法权益，而不是用暴力去解决问题。

小法官提问：

护士给彬彬输液扎针总是扎不准，结果被彬彬骂，这算违法吗？

谁把路灯打碎了

小区业主群"炸开了锅"，大家纷纷向物业投诉，说最近小区的路灯总是坏，尤其是13号楼附近，一周之内就坏了3次，给大家的出行带来了极大不便。

了解到情况后，物业立即展开调查，发现路灯好像是被石头或其他硬物打碎的，于是便安派保安人员多加巡逻。很快，路灯"破坏者"被抓到了，是13号楼的两个孩子王奇和李锐干的。

看看咱俩谁打得准。

面对大人的询问，两人说出实情：两人比赛扔石头，看谁扔得远、瞄得准。一开始，他们瞄准垃圾桶、树干扔石头，后来就瞄准了路灯。担心被人发现，两人选择晚上悄悄进行，且"签订了保密协议"。

事后，王奇和李锐的家长对孩子进行了批评教育，让孩子拍摄视频向所有业主道歉，并赔偿了相应损失。鉴于两个孩子还是学生，物业和其他业主并没有深究。

法律知识备忘录：

王奇和李锐用石头打碎路灯，属于故意损毁公共照明设施，此行为违反了《治安管理处罚法》第三十七条：**有下列行为之一的，处五日以下拘留或者五百元以下罚款；情节严重的，处五日以上十日以下拘留，可以并处五百元以下罚款：（一）未经批准，安装、使用电网的，或者安装、使用电网不符合安全规定的；（二）在车辆、行人通行的地方施工，对沟井坎穴不设覆盖物、防围和警示标志的，或者故意损毁、移动覆盖物、防围和警示标志的；（三）盗窃、损毁路面井盖、照明等公共设施的。**

庆幸的是，王奇和李锐造成的损失不大，家长对其进行批评教育且赔偿了相应损失，事情得到了解决。如果损失巨大或者造成严重后果——由于没有照明，导致业主摔倒受伤，两人还可能承担侵权责任。

同学们，千万不能随意破坏小区内或其他区域的公共设施，看到有人在破坏，也要及时报警来处理。

小法官提问：

因为路灯被人为破坏了，邻居下台阶时踏空而摔伤，可以去法院起诉王奇和李锐吗？

宠物不可逗弄

1分钟案件回顾：

亮亮平时特别喜欢调皮捣蛋。这天，他像往常一样，吃完晚饭后到楼下不远的公园里玩耍。

就在亮亮和小伙伴们拿着树枝玩打仗游戏的时候，突然看到一位女士牵着一只宠物狗在散步，调皮的亮亮便从地上捡起一块石子朝着宠物狗砸过去。

见到这种情形，牵狗的女士赶紧出声制止，亮亮和小伙伴们一哄而散。

哈哈哈，你来追我啊！看我打不中你！

但没一会儿，亮亮又拿着树枝跑过来，还用手里的树枝抽打宠物狗。宠物狗被打痛了，冲着亮亮"汪汪"叫起来。亮亮赶紧掉头就跑，一边跑还一边笑。

正当女士带狗准备离开的时候，调皮的亮亮又跑了回来，还大胆地踹了宠物狗一脚，结果被宠物狗咬伤了腿。

女士见状，赶紧让亮亮通知父母。亮亮的父母立即赶到，并要求该女士一起带亮亮去疾控中心治疗，治疗费由该女士支付。随后，亮亮的父母向该女士索赔亮亮后续的医药费和精神损失费。

女士向律师咨询之后，律师却表示她不需要对亮亮进行赔偿。双方一时争执不下。

那么，这件事究竟是谁的责任呢？

法律知识备忘录：

通常情况下，宠物伤人，饲养人需要承担民事责任。如果能证明这种伤害是由于受害人的过错造成的，那么，饲养人就不需要承担民事责任。其法律依据为《民法典》第一千二百四十五条：**饲养的动物造成他人损害的，动物饲养人或者管理人应当承担侵权责任；但是，能够证明损害是因被侵权人故意或者重大过失造成的，可以不承担或者减轻责任。**

案例中，亮亮几次去招惹宠物狗，最后还故意去踢对方，从而激怒宠物狗被咬伤，这个责任只能由他自己来背。

从现场来看，宠物狗的主人已经履行管理责任，在这种情况下，自然就不需要承担法律责任了；从人情这个角度来看，该女士给亮亮支付了第一次的治疗费有，已经算是尽到应有的责任了。

同学们，出门玩耍一定要注意安全，看见猫和狗之类的动物，只可远观不可戏弄，以免那些动物咬伤你就得不偿失了。

小法官提问：

伤害宠物是违法行为吗？

熊孩子在铁轨上放石子

暑假到了，小丰与小伙伴又可以痛快地玩耍了。这天，他们来到铁路旁，小丰突发奇想：火车开得那么快，是不是一下子就能把石头碾碎？

小伙伴也来了兴致，他们就从铁路防护网排水沟钻入铁道线，想要验证一下这个想法。

小丰："你们谁敢去做？"

小伙伴A："你提议的，自然由你自己去呀！"

小伙伴B："我看还是算了吧，惹祸了，肯定又要挨大人一顿揍。"

小丰："你们就是怂，我来！"说完，他挑选了一块拳头大小的石头放在铁轨上。

随即，几个人躲

得远远的，等待着下一列火车的到来。一会儿，一列动车驶过，石头瞬间被碾压得碎石乱飞，火花四溅。司机察觉到异常，紧急停车检查，发现铁轨上、列车车轮上均有碾压碎石的痕迹。因为这一意外事故，这一列动车与下一列动车被迫延误30多分钟。

后来，经铁路警方调查，小丰与小伙伴很快就被找到了。那么，他们面临的将是什么样的处罚呢？

法律知识备忘录：

小丰与小伙伴在铁轨上放置障碍物的行为，违反了《治安管理处罚法》第三十五条：**有下列行为之一的，处五日以上十日以下拘留，可以并处五百元以下罚款；情节较轻的，处五日以下拘留或者五百元以下罚款：（一）盗窃、损毁或者擅自移动铁路设施、设备、机车车辆配件或者安全标志的；（二）在铁路线路上放置障碍物，或者故意向列车投掷物品的；（三）在铁路线路、桥梁、涵洞处挖掘坑穴、采石取沙的；（四）在铁路线路上私设道口或者平交过道的。**

本案例中，只因小丰与小伙伴都不满十四周岁，所以不予行政处罚。但是，铁路公安机关对他们进行了教育，责令其监护人严加管教，还向其所在学校、社区做了通报。至于给铁路部门带来的经济损失，他们没有能力赔偿，自然是由父母（监护人）来赔偿了。

同学们，当你们看见了有人在破坏铁路沿线的任何设施时，一定要及时报警。

小法官提问：

乘坐火车或者汽车时，往窗外抛物的行为违法吗？

倒霉的共享单车

李旭、张成和黄然是同班同学，又居住在同一个小区，平时常常相约上下学，关系非常好。

周五晚上上完晚自习后，三人像往常一样相约一起回家。走到半路，李旭注意到路边停着几辆共享单车，心中便升起一个想法。

李旭："你们想不想骑车回家？"

张成："咱们哪里有自行车？"

李旭："喏，路边有那么多辆共享单车。"

黄然："共享单车要扫码的，我们又没有带手机。"

李旭："只要把车锁弄开，就能骑了。"

李旭说着就朝一辆共享单车走去，从书包里掏出铁尺和圆规，捣鼓半天之后，竟然真的把锁给撬开了。张成和黄然一开始有些害怕，但见附近又没有什么人，便也各自撬开了一辆共享单车的锁。

> 这共享单车不是我自己的，可以随便破坏，反正也没有人知道。

就这样，三人骑着车一起回了家。为了把车"据为己有"，他们不仅刮花了共享单车上的二维码，还把共享单车上的车牌号涂抹掉了。因为共享单车不是自己花钱买的，他们也不怎么爱惜，随便骑、随意停放不说，还用小刀把共享单车的车体划得乱七八糟。

由于李旭三人并没有掩饰自己的行为，甚至还在其他同学面前炫耀，很快校方领导就找上门并报了警。民警通过询问并调取监控，核实了李旭三人的违法事实。

那么，这三个同学会受到什么样的处罚呢？

法律知识备忘录：

李旭、张成和黄然破坏共享单车的行为已经触犯了法律，违反了《治安管理处罚法》第二十六条：**有下列行为之一的，处五日以上十日以下的拘留，可以并处五百元以下罚款；情节较重的，处十日以上十五日以下拘留，可以并处一千元以下罚款：（一）结伙斗殴的；（二）追逐、拦截他人的；（三）强拿硬要或者任意损毁、占用公私财物的；（四）其他寻衅滋事行为。** 由此来看，他们三人占用、故意损毁公私财物不仅需要罚款，还要根据损毁财物的数额大小受到拘留或者警告的处罚。

由于这三个同学都未满十四周岁，所以不予行政处罚，但三人造成运营商的经济损失需要家长来赔偿。

小法官提问：

骑走别人没锁的共享单车，犯法吗？

约同学吃饭，却成为被告

高二学生段铭过生日那天恰逢周末，就邀请了几个关系不错的同学一块庆祝，大家一直玩闹到晚上 10 点多。

聚会结束后，大部分人都选择打车回家，只有韩星是骑自行车来的。段铭劝道："韩星，你可别骑车了，还是打车回家吧。"

韩星："没事，我这技术，杠杠的！"

段铭："现在这么晚了，怕路上不安全啊！"

韩星："这里到我家也没有多远，放心吧。"

见韩星坚持骑车回家，段铭劝了几句之后也就随他了，毕竟韩星家距离这里确实不远，而且他也没有喝酒。

参加同学聚会，骑车回家不小心摔倒。

没想到的是，韩星骑自行车回家途中却出了意外——在一个拐弯处，他骑得有点儿快不小心撞到一棵树上，导致他的脸上、胳膊都受到不同程度的擦伤。

更没想到的是，韩星的父母转头就把

段铭给告了，要求他承担韩星发生意外的赔偿责任。

面对这样的状况，段铭整个人都蒙了，自己请客吃饭，怎么到最后还把自己折腾成"被告"了？而且，韩星是本人骑自行车出了车祸，凭什么要自己承担责任？

法律知识备忘录：

韩星和同学聚餐后回家途中出现意外，属于交通事故，应当根据事故责任来承担。同时，这涉及段铭是否应当承担连带责任的问题。

《民法典》第一百七十八条：**二人以上依法承担连带责任的，权利人有权请求部分或者全部连带责任人承担责任。**

连带责任人的责任份额根据各自责任大小确定；难以确定责任大小的，平均承担责任。实际承担责任超过自己责任份额的连带责任人，有权向其他连带责任人追偿。

连带责任，由法律规定或者当事人约定。

至于段铭是否承担连带责任，需要根据法律法规来确定。如果交警根据事故现场判定这次事故由韩星本人承担全部责任，那么，作为请客人的段铭就不是连带责任人，无须承担赔偿责任。

如果发生以下情况，比如：强迫性对韩星劝酒，或者明知韩星身体不适不能骑车却没有把他安全送回家，那么，韩星的家长就有权要求段铭承担连带责任。

小法官提问：

喝酒后骑电动车，算酒驾吗？

一条关于疫情的"通报"

1分钟案件回顾：

初三年级学生铭铭一大早走进教室，就听到几个同学在议论附近城市的疫情。

同学A："听说那里好几所学校都停课了，一些小区也不能随便出入。"

同学B："好羡慕啊，他们都不用一大早去学校，在家上网课挺好的。"

听到同学们的议论，铭铭心里也非常羡慕。这段时间的课业比较重，妈妈还给他报了周末补习班，他心里别提有多苦了。

好不容易熬到放学，回到家还有一堆卷子要做，铭铭的心里越发苦闷，脑海中不停回想着早晨同学们的议论，如果能因为疫情停课，那该多好啊……

这么想着，铭铭突然灵机一动，拿出手机发了一条朋友圈：小区里有人被确诊阳性，现在小区即将封闭管理，明天不用去上学了。

谣言

说不定明天学校就因为"疫情"停课了，我就不用上学了！

为了让朋友圈的内容看上去更"真实"一些，铭铭又偷偷用妈妈的手机更改头像和备注名之后，把其他城市的疫情通报改为自己小区的，发布在小区业主群里，然后截图作为"证据"发到朋友圈和班级群里。

很快，这一消息就传开了。当地防疫部门接到通报之后，立即展开调查核实，最后发现该小区根本就没有确诊病例。

一直到民警找上门，铭铭才知道事情闹大了，支支吾吾地交代："我就是听同学说很多学校因为疫情停课了，我也想在家休息几天，不想去学校……"

法律知识备忘录：

显然，铭铭在疫情期间发布和传播虚假疫情相关信息的行为，违反了《刑法》第二百九十一条之一：（前略）编造虚假的险情、疫情、灾情、警情，在信息网络或者其他媒体上传播，或者明知是上述虚假信息，故意在信息网络或者其他媒体上传播，严重扰乱社会秩序的，处三年以下有期徒刑、拘役或者管制；造成严重后果的，处三年以上七年以下有期徒刑。因铭铭还未满十六周岁，因此不需要负刑事责任，也不执行行政拘留处罚，但会受到批评教育。

幸好铭铭发布的不实信息散布范围有限，并未引起大规模的传播和造成恶劣的社会影响，所以，民警只是当场对铭铭进行了教育处理。

小法官提问：

疫情期间出入公共场所不戴口罩，可以吗？

转账记录也可以当证据

1分钟案件回顾：

姐姐在五一假期就要结婚了，高三学生杜鹏打算送给姐姐一份大礼。想起之前借给同学孙蒙的 2000 元还没有还，杜鹏便拨通了他的电话，打算把这笔借款要回来。

杜鹏："我姐最近要结婚了，我这边手头有点儿紧，你看上次那笔钱……"

孙蒙："什么钱啊？"

杜鹏："就上次，你买笔记本电脑跟我借了 2000 元，你忘啦？"

孙蒙："说啥呢？你记错了吧。"

杜鹏："我微信转给你的，还有转账记录呢。"

孙蒙："有借条吗？借钱得有借条吧？"

有明确的借钱聊天记录，这些都能成为借贷关系的证据，向对方提起诉讼。

听到这里，可把杜鹏气坏了。当初孙蒙爸爸给了孙蒙买电脑的钱，但是孙蒙非要买一台配置更高的，手里的钱就不够了。孙蒙找他借钱，他二话不说就从微信上把钱转了过去，事后也没有让孙蒙写借条。

没想到，自己的仗义行为却成了对方赖账的借口。

杜鹏越想越气，把这件事告诉了姐姐。正好姐姐的未婚夫是一名律师，他详细询问了杜鹏借钱的具体情况，然后说："即使没有借条，只有转账记录也是可以向对方提起诉讼的。当然，其他的间接证据也很重要，只要把证据收集齐全，能够证明这笔转账确实是借款，就能够胜诉。"

法律知识备忘录：

民间借贷也是借款合同的一种，需要具备借款的约定、支付借款证明等证据。那么，从法律层面来说，电子数据证据都包括什么呢？

《最高人民法院关于民事诉讼证据的若干规定》第十四条：**电子数据包括下列信息、电子文件：（一）网页、博客、微博客等网络平台发布的信息；（二）手机短信、电子邮件、即时通信、通讯群组等网络应用服务的通信信息；（三）用户注册信息、身份认证信息、电子交易记录、通信记录、登录日志等信息；（后略）**这意味着，只要有以上证据，就可以证明借贷关系存在。

案例中，杜鹏通过微信转账把钱转给了孙蒙，双方商讨借钱的过程也是在微信上进行的，这些都属于电子数据证据，能证明借贷关系的存在。因此，即使没有借条，杜鹏也可以用这些证据向法院提起诉讼，要求孙蒙还钱并支付利息。

小法官提问：

在没有借条的状况下，除了转账记录之外，还需要哪些证据来证明对方确实欠你的钱？

把水泼在电梯控制面板上

初一男生小勇是社区里让人头疼的"小魔星"，每次乘坐电梯时，他都会把所有楼层的按钮按亮；有时候，他即使不准备坐电梯下楼，也会故意按停电梯之后，把全部楼层按亮后再出来。

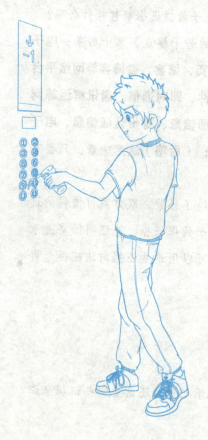

就因为这事，邻居没少找上门说理。但小勇父母常年在外做生意，平时都是爷爷、奶奶照顾他，他们根本管不了这个"小魔星"。虽然周围的邻居投诉了好多次，但小勇一点儿也没有改正自己的错误行为。

这天，小勇放学回家，一边喝水，一边上了电梯。等电梯到了自己家楼层后，小勇像平时一样把所有的楼层按钮都按亮了。正打算离开时，他突然"灵机一动"，把还没有喝完的半杯水倒进了电梯的控制面板里，然后就乐呵呵地离开了。

小勇刚离开电梯，住在小勇家隔壁的方先生就出门了，他正准备乘电梯下楼，就见电梯的控制面板闪过一道火花。方先生发现情况不对，赶紧离开电梯，随后电梯出现了故障停止运行。方先生立即联系了物业，物业通过电梯监控发现了小勇向电梯控制面板内倒水的一幕，于是，物业报了警。

最终，在民警的协调下，小勇的家长赔偿了 7000 元的电梯维修费用，并对小勇进行了严肃的批评教育。

即使如此，也无法弥补小勇对大家造成的伤害。电梯维修工表示，由于电梯电路板损坏需要更换，而这个配件最快要等一星期才能到。因此，在这一个星期里，该幢居民楼的住户只能辛辛苦苦地爬楼梯，当然也包括住在 10 楼的小勇。

法律知识备忘录：

小勇故意破坏电梯是一种违法行为。

事实上，任何人破坏电梯造成的损失都是巨大的，同时也违反了《刑法》第二百七十五条：**故意毁坏公私财物，数额较大或者有其他严重情节的，处三年以下有期徒刑、拘役或者罚金；数额巨大或者有其他特别严重情节的，处三年以上七年以下有期徒刑**。本案例中，小勇还未满十四周岁，不会受到刑事处罚，但造成的损失需要由家长进行赔偿；同时，维修电梯需要一周的时间，这期间大家都要爬楼梯，耽误了时间不说，对小勇也产生了厌恶感。

同学们要记住，电梯安全是公共安全，破坏电梯安全的行为，损害的不仅是公众的利益和安全，同时也损害了自己的利益和安全。

小法官提问：

乘坐电梯时，还有哪些事情是不能做的？

随意打 110 并不好玩

周六下午 6 时许，某地公安局 110 接警台电话铃声响起，接警员接通电话后，听到一个小男孩稚嫩的声音急切地说道："我被绑架了，快救救我！"之后，电话就挂断了，没有说清楚所在位置和具体情况，接警员回拨电话也是一直无人接听。

接警员按照手机号码的归属地，联系了当地派出所。民警立即展开行动，通过电信部门调查该手机号码使用人的信息，查到了这个人的家庭住址，于是民警联系了该小区物业，又联系上其本人。

警察叔叔，我被绑架了，快救救我！

此刻，报警人林林正坐在家里玩手机游戏，看到父母带着警察找上门，他怎么也没有想到自己一个心血来潮的恶作剧，会引起这么大的麻烦。林林爸爸对民警说，他的另一部手机给孩子上网课用，没想到这孩子会拨打报警电话来玩。

民警当场对林林进行教育："你知道 110 是干什么用的吗？"

林林："知道，是遇到危险时让警察叔叔帮助我们的报警电话。"

民警："对。如果你没有遇到危险，只是贪玩或者好奇就胡乱拨打110，占用了警务资源，那其他遇到危险的人该怎么办呢？报假警是违法行为，是要承担法律责任的。"

经过耐心细致的教育，林林承认了错误。爸爸也保证今后一定加强对孩子的管教，不让这种行为再发生。

法律知识备忘录：

无论大人还是孩子，都应该树立正确使用110报警电话的意识，随意骚扰、拨打110虚报警情，浪费和占用警务资源是一种违法行为。其处罚依据为《治安管理处罚法》第二十五条：**有下列行为之一的，处五日以上十日以下拘留，可以并处五百元以下罚款；情节较轻的，处五日以下拘留或者五百元以下罚款：（一）散布谣言，谎报险情、疫情、警情或者以其他方法故意扰乱公共秩序的；（二）投放虚假的爆炸性、毒害性、放射性、腐蚀性物质或者传染病病原体等危险物质扰乱公共秩序的；（三）扬言实施放火、爆炸、投放危险物质扰乱公共秩序的。**

所以，淘气的林林胡乱拨打110谎称自己被绑架的行为，违反了该法律条文的规定，需要承担法律责任。但因为他还不满十四周岁，不予行政处罚，民警对他进行了批评教育，并责令家长对其严加管教。

同学们，要记得110报警电话、119火警电话、120急救电话，不能随意拨打哦！

小法官提问：

什么情况下，可以拨打110报警电话？